반짝이는 어떤 것

도시공간 1

김지연 에세이

반짝이는 어떤 것

SUNDRY PRESS

1
Mall

프롤로그
여기, 행복이 있어요

반짝인다. 커다란 선물 상자를 연 듯. 아니 상자 속에 들어간 것
처럼 사방이 화려하고 아름다운 것들로 가득 차 있다. 수없이
반짝이는 것들 사이에서 그것들을 원하는 손길이 느리게 그러
나 확실하게 움직이고 시선은 물건과 손짓과 빛 사이를 헤맨다.
파리 최초의 백화점을 모티브로 한 영국 드라마 〈더 파라다이
스〉의 오프닝이다. 백화점 더 파라다이스를 동경해 그곳에서 일
하게 된 데니스의 시선과 화면을 바라보는 나의 시선이 포개어
질 때쯤. 슬며시 물음표가 떠오른다. 시선이 원하는 것은 특정한
물건일까? 그저 반짝이는 것일까? 혹시 다른 무언가는 아닐까?
　　드라마의 오프닝은 상징적인 장면이지만. 실제로 백화점
이나 쇼핑몰의 문을 열고 들어서면 문 밖의 세상과는 다른, 예쁘
고 반짝이는 것들의 세계가 펼쳐진다. 사방이 말랑하고 매끈하
고 달콤한 존재로 가득 찬 꿈과 희망의 나라. 그러니까 몰은 기
분 좋은 것들만 모아 놓은 다른 차원의 세계다. 지루한 일상과는

분리된 곳, 디즈니랜드나 에버랜드같은 어른들의 테마파크다.

소설 『달러구트 꿈 백화점』에서는 제목 그대로 백화점에서 꿈을 판다. 현실 세계의 백화점도 고객이 원하는 물건을 판매하고 그들을 만족시키기 위해 애쓰지만, 이 꿈 백화점은 그보다 더 직관적으로 고객의 내면이 원하는 것을 충족시킬 수 있는 제품을 판매한다. 달콤한 휴가의 꿈도, 보고 싶은 사람을 만나는 꿈도, 때로는 꼭 겪어야만 하는 고통스러운 꿈도, 모두 그곳에 있다.

'백화점'이라는 단어는 '커다란 상점', '무엇이든 있는 곳'이란 뜻에서 시작되었다.° 진짜 꿈을 팔든 꿈같은 물건을 팔든, 이런 거대한 상점은 누군가의 꿈을 먹고 사는 게 확실하다. 아니 정확히 말하자면 이들은 고객의 꿈을 충족시켜주는 대가로 유지해나간다. 그러니 고객의 꿈을 이뤄주기 위해 가능한 한 모든 노력을 할 수밖에 없다.

그런 노력 중 하나는 고객을 위해 놀이와 여가생활까지 거대한 상점 안으로 끌어들인 것이다. 무엇이든 있는 이곳을 더 완벽하게 만들기 위해서라기보다는, 고객의 쇼핑 경험을 즐겁게 만들고 되도록 많은 시간을 이곳에서 보내도록 만들어 결국 구매를 유도하려는 일종의 전략이었다.

이유가 무엇이었건 간에 사람들은 백화점에서 여가를 보내기 시작했다. 일본의 백화점은 옥상공원을 만들어 가족단위의 쇼핑객을 노렸고, 상업문화의 많은 부분이 일본의 영향을 받은 우리나라 역시 백화점에 옥상공원을 만들었다. 또 백화점 내에 갤러리를 만들어 미술작품을 전시하고, 문화센터에서는 낮시간 이용객을 겨냥한 각종 강좌를 연다. 백화점만이 아니다. 조금 더 대중적으로 문을 연 대형 쇼핑몰과 대형 마트들도 같은 방식을 취한다.

10시 즈음 브런치를 먹고 교양 강좌를 하나 들은 뒤 잠시 쇼핑을 하고, 아이를 위한 수업을 듣거나 갤러리에서 전시를 본 뒤 오후에 커피 한 잔을 마시고 저녁거리를 쇼핑해서 집으로 돌아온다. 솔직히 이렇게 평온하고 우아한 하루는 드라마 속 환상에 불과하지만, 여기서 말하고자 하는 건 마음만 먹으면 하루종일 무료하지 않게 보낼 수 있을 만큼 다양한 콘텐츠가 몰에 있다는 점이다. 이들은 고객의 행복한 하루를 위해서 유명한 브랜드, 맛집, 최신 라이프스타일을 발빠르게 들여온다. 백화점에만 가면, 가장 힙한 문화까지는 아니더라도 최근 알려진 유행은 모두 경험할 수 있다. 몰들은 우리에게, 당신이 원하는 행복이 여기 모두 있다고 슬며시 귀띔한다.

수많은 사람들이 소중한 저녁 시간과 주말을 백화점과 쇼핑몰, 대형 마트처럼 커다란 상점에서의 소비행위로 보내는 데에는 분명 이유가 있을 테다. 일단 그곳은 원하는 것이 전부 있고, 앞에서 언급했듯이 일상과 분리된 즐거움을 선사하는 테마파크같은 공간이다. 하지만 디즈니랜드는 디즈니 영화 속 세계가 아니라 꾸며진 곳이다. 몰이 진짜 파라다이스일지, 그곳에 정

∘   김인호, 『백화점의 문화사』, 살림, 2014, p.41

말 행복이 있을지 의문이 든다.

나 역시 다양한 몰을 경험하며 자란 세대다. 엄마를 따라 대형 마트에 가는 것이 큰 재미였고, 심야에 창고형 마트에 가는 걸 좋아했고, 백화점 셔틀버스를 마치 스쿨버스마냥 자주 이용했으며, 한때는 산책 삼아 에스컬레이터를 타고 쇼핑몰을 둘러보는 '몰링'°을 즐겼다. 해외에 가서도 그 지역의 커다란 몰은 빼놓지 않고 들러 구경하곤 했다. 몰은 확실히 어느 정도 보장된 즐거움을 안전하게 누릴 수 있는 곳이었다.

하지만 언젠가부터, 그런 즐거움을 누리면서도 조금은 이상했다. 불편이 모두 삭제된 공간의 매끈하게 반짝이는 아름다움이 낯설었다. 드라마 ⟨더 파라다이스⟩의 제목처럼, 몰은 파라다이스였다. 그러나 나는 가끔 이곳이 모래 위에 지어진 파라다이스처럼 느껴지곤 했다. 혹은 다양한 질감을 가진 넓은 도시 속에서, 혼자만 무결점의 높은 옹벽을 자랑하는 작은 성처럼 보일 때도 있었다.

나만 그런 생각을 한 건 아니겠지만, 어쨌든 모두들 여전히 쇼핑몰과 백화점, 마트에 간다. '여전히'가 아니라 어쩌면 '더 많이'일지도 모르겠다. 시간이 흐르며 몰들은 걷잡을 수 없이 많아지고 더 커졌다. 나는 이즈음에서 쇼핑몰, 백화점, 대형 마트 같은 커다란 복합 상업 공간들에 관한 이야기를 해보고 싶었다. 우리의 삶이 그 거대한 공간 안에 편입되어 버리기 전에 말이다.

이 시리즈는 각각의 작가들이 고유의 시선으로 읽어내는 도시 공간 이야기이기 때문에 좋아하는 공간을 쓰기로 한 작가도 있을 테지만 나는 그것보다는 하고 싶은 이야기가 많은 공간을 골랐다. 그러니까 이건 좋아하는 공간에 관한 애정어린 이야기는 아니다. 우리와 매우 가까운 공간에서 발견되는 조금 기이한 점들을 산책자의 눈으로 관찰한 호기심의 기록에 가깝다.

　이 글을 읽는 당신의 기억은 나와 다를 수도 있다. 하지만 도시란 어차피 한 사람의 소유는 아니다. 도시 공간은 많은 사람들의 시선과 욕망이 교차하고 다양한 이야기가 쌓이며 하나의 장소가 된다. 그런 장소를 산책하는 일은 일종의 집단 기억을 탐구하는 일에 가깝다. 산책을 하면서 그곳에 저장된 기억들을 불러낸다.˚ 나의 기억에서 이것저것 꺼내고, 타인의 이야기도 슬쩍 기웃거리고, 가까이 들여다보고 멀리서 바라보고, 가끔은 틈새를 비집고 들어가보려 한다. 나의 이야기를 따라오다가 당신의 이야기도 갈래를 펼쳐 보았으면 좋겠다.

˚　몰링malling이란 2000년대 후반 등장한 신조어로, 복합 쇼핑몰에서 쇼핑뿐만 아니라 외식과 엔터테인먼트 등 여가생활까지 즐기는 소비 형태를 뜻한다.

˳　윤미애, 『발터 벤야민과 도시산책자의 사유』, 문학동네, 2020, pp.235-239

현대 상업의 대성당

어두운 밤 금화터널을 빠져나오면, 저기 남쪽에
우아한(그레이스) 자태의, 그리고 머리에는 금관을
둘러 얹은 하얀 몸체의 여신이 보인다. 밤에 본
그레이스 백화점의 모습이다. 또 그것은 그 백화점이
상징하고 있는 모든 것의 압축이다.

1993년 9월, 연세대학교의 학보 『연세춘추』에 실린 글의
한 조각이다.° 금화터널은 서울의 독립문과 신촌 지역을 잇는 터
널로 지금도 이 터널을 빠져나오면 우측에 연세대학교, 좌측에
이화여자대학교가 있다. 그레이스 백화점은 당시 인근에서 가
장 먼저 세워진 백화점으로 현재의 신촌 현대백화점의 전신이

° 　김인호, 『백화점의 문화사』, 살림, 2014, pp.59-61

다. 이제는 금화터널을 빠져나와도 수많은 빌딩에 가려져 현대
백화점이 보이지 않지만, 커다란 빌딩이 드물었던 당시엔 독보
적으로 큰 덩치를 가진 백화점 건물이 유난히 빛나 보여서 위와
같은 표현을 하지 않았을까 추측한다.

　우리나라에 한창 백화점과 같은 대형 상업시설이 들어서
기 시작한 때, 신촌뿐 아니라 다른 지역의 모습도 비슷했다. 당
시 신촌시장을 밀어내고 들어선 그레이스 백화점은 인근의 지
형도를 바꾸었다. 『연세춘추』에 실린 「백화점 공간론」에서는 그
레이스 백화점을 '신촌 로터리의 개선문'이라고 했다. 백화점이
들어선 이후 그곳을 중심으로 신촌 일대 차량과 보행자 동선이
바뀌었는데, 이것을 11개 도로가 개선문 중심으로 이루어진 파
리의 도시 구조에 빗댄 것이다.°

　몰의 시초는 19세기 초 파리에 등장한 '파사쥬Passage'다. 파
사쥬는 건물과 건물 사이를 철골구조와 유리 창문으로 연결하
여 아치형의 지붕을 만든 거리를 말하는데, 요즘으로 치자면 시
장 거리에 천장을 만들어 덮은 것과 같은 모양이다. 물론 당시
파사쥬는 비바람을 피할 수 있는 보행자 중심의 아늑한 거리이
자, 다양한 상점들을 편안하게 둘러볼 수 있는 혁신적인 쇼핑 공
간이었다. 좀 더 규모가 큰 파사쥬는 '갤러리galerie'라고 부르기
도 했다. 파사쥬와 갤러리로 쇼핑 공간이 형성된 후 좀 더 많은
수요를 충족시키기 위해 백화점이 등장했다.

　19세기는 산업혁명과 자본주의로 인해 도시의 풍경이 빠
르게 변화하던 시기였다. 쇼핑 공간은 일부분에 불과했다. 증기

기관차가 달리고, 거대한 철골구조의 다리와 기차역이 생겨났
다. 오스만 시장의 도시계획으로 구불구불하던 골목길과 비포
장 도로 대신 넓고 곧게 뻗은 대로가 파리에 생겨났다. 당시 완
성된 파리의 모습은 현재 파리의 구도심과 거의 같은 모양이다.

문학가, 화가, 비평가, 철학자 등 당시의 지식인들은 이렇
게 격변하는 도시 풍경에 많은 관심을 가지며, 변화를 관찰하
고 작품으로 기록했다. 마치 그레이스 백화점의 등장으로 신촌
의 보행자와 차량 동선이 변화하고, 대학생들의 문화까지 변한
것처럼, 당시 도시 풍경의 변화에서는 산업과 노동환경, 시민들
의 일상과 문화까지 빠짐없이 드러났다. 그러니 이런 도시 풍경
을 관찰하며 거리를 걷는 것은 그 자체로 재미있는 취미가 되
었을 테다.

당시 파리에서 활동했던 비평가 발터 벤야민은 이렇게 변
화하는 도시의 이미지들을 모아 산업혁명이 가져온 자본주의 사
회의 모습을 읽어내려고 했다. 그는 도시를 한가롭게 기웃거리
며 돌아다니는 사람들에게 '플라뇌르flâneur'라는 별명을 붙였다.
'산책자'라는 뜻의 프랑스어다.

벤야민은 파사쥬와 갤러리를 '아케이드arcade'라고 불렀는
데, 사실 이런 형태의 쇼핑 공간은 아직도 우리 곁에 남아 있다.
앞서 언급한 시장의 모습은 물론, 지하상가의 통로가 그렇다. 아
예 상점가를 통째로 건물 안에 들여온 쇼핑몰에서도 아케이드

○   김인호, 『백화점의 문화사』, 살림, 2014, pp.59-61

의 형태를 찾아볼 수 있다. 유리 지붕으로 덮인 커다란 쇼핑몰에서 양 옆으로 상가가 가득한 통로를 걸으며 새로운 유행과 신상품들을 구경하다보면 19세기의 아케이드를 걷는 플라뇌르의 기분을 알 것만 같다.

19세기 초 등장한 아케이드는 19세기 중반부터 서서히 쇠락의 길을 걷는다. 1852년 파리 최초의 백화점 봉마르셰가 등장했기 때문이다. 커다란 자본을 등에 업은 화려한 백화점은 파리 시민들의 이목을 끌며 도시의 랜드마크가 되었다.

백화점이나 쇼핑몰이 지역의 랜드마크가 되는 것은 흔한 일이다. 심지어 세계적으로 유명한 몰들은 한 도시의 주요 관광지로 여겨질 정도다. 마치 성당이 한 도시의 랜드마크가 되는 것처럼 말이다. 그러니까 에밀 졸라의 소설 『여인들의 행복 백화점』에서 백화점을 '현대 상업의 대성당(The Cathedral of Commerce)'이라고 부른 것은 자본주의 시대의 도시에서 백화점이 가지는 위상을 그대로 드러낸다.

유럽의 오래된 도시에서 야간에 성당 건축물이 빛나는 것처럼, 현대의 도시에는 백화점과 쇼핑몰이 있다. 그레이스 백화점이 어두운 신촌 거리를 홀로 우아하게 빛내며 랜드마크가 되었던 것처럼, 오늘날의 백화점도 거리를 눈부시게 빛낸다. 연말연시에 볼 수 있는 특별한 조명 장식은 멀리 가지 않아도 볼 수 있는 일상 속의 루미나리에luminarie다. 건물을 조명으로 장식하는 일은 종교 장식에서 비롯되었고, 이는 건축물을 경이로워 보이게 만드는 장치였다는 점을 상기한다면 성당이라는 비유가 안성맞춤이다.

한편 상품들이 아름답게 진열된 모습은 귀족들이 갤러리나 '분더캄머Wunderkammer°' 같은 공간을 두며 개인 미술품과 수집품을 전시하고 이를 돋보이도록 심혈을 기울여 배치하던 과거를 떠올리게 한다. 이는 백화점과 쇼핑몰이 입점한 매장과 상품들을 디스플레이하는 방식과 같다. 우리는 특유의 아름다움이 돋보이도록 진열된 모습에서 미술품 혹은 상품을 더욱 황홀한 눈으로 바라보게 된다. 그 순간 물건도, 예술품만큼은 아니더라도 아우라 비슷한 것을 잠시나마 가진다.

그러니까 몰들이 공간의 내부와 외부, 그곳에서 파는 상품을 더 반짝거리고 예쁘게 보이도록 해서 동경을 불러일으키는 전략은 어떤 면에서 종교가 신을 우러러보게 만드는 비결과 비슷하다. 그러나 종교의 아우라와 다른 점은, 그들은 우리가 자신들을 너무 멀지 않게 느꼈으면 한다는 점이다. 신은 기도한다고 해서 바로 닿을 수 없지만, 백화점 안의 상품들은 지갑을 열면 바로 내 손에 넣을 수 있다. 그들은 우리의 인내와 영성을 바라지는 않는다. 다만 더 비싼 가격을 지불해주길 바랄 뿐이다.

종교가 사람의 삶을 바꾸듯, 백화점도 우리가 사는 모습을 바꾸었다. 19세기 파리에서 그랬던 것처럼, 20세기 이후의 대한민국에서도 무언가 크게 바뀌었다. 『연세춘추』에서는 이렇게 우려했다. '홍익 문고 앞을 약속 장소로 삼던 무리들이 그레

° '경이의 방', '놀라운 것들의 방'이라는 뜻의 독일어다. 이국적인 물건, 희귀동물의 화석, 예술품 등을 수집하여 보관하는 일종의 개인 수장고로, 갤러리와 마찬가지로 박물관과 미술관의 시초가 되었다.

이스 백화점 앞을 점거해, 한 권의 책이라도 들척이던 성향에서 거대 소비 공간의 쇼윈도를 들여다보는 종족으로 변했다.'라고.

상업은 확실히 조금 덜 영적인 방향으로 삶을 이끈다. 지금 여기, 현실의 욕망에 집중하도록 한다. 물론 상업이든 지금 이곳의 욕망이든 나쁘다고 단정 지을 수는 없다. 무언가 거부할 수 없는 매력이 있을 테다. 90년대 신촌의 대학생들이 그랬듯이 지금의 우리 역시 이 모든 것을 전혀 모르는 건 아닌데도 여전히 이끌리듯 백화점으로, 쇼핑몰로 향하니 말이다.

인스턴트의 마음일지라도

어디선가 그랬다. 너무 힘들고 괴로운 날일수록 내 안의 일곱 살짜리 아이에게 친절하게 대해줘야 한다고. 그래서 나는 오늘 너무 힘드니까 그 아이한테 딸기 한 대접 먹이고 일찍 재워야겠다고. 우스갯소리 같지만 사실이다. 심리학에서는 그 일곱 살짜리 아이를 '내면 아이'라고 부른다. 슬프게도 이 아이는 해맑고 즐겁기보다는 주로 아프고 우울하다.

　우리 모두의 안에는 어린 시절 무의식에 남은 상처나 결핍으로 인해 형성된 자아가 있다. 평소에는 어른이라는 이름으로 여린 마음을 둘러 벽을 쌓고 강한 척 지키며 살아가지만, 어떤 계기로 인해 마음이 무너졌을 때, 마음 깊은 곳에 있던 그 아이가 갑자기 얼굴을 드러낸다. 나 아직 여기 있다고. 아직도 아프고 힘들다고 울기 시작한다.

　사실 필요한 물건을 구하는 방법에는 여러 가지가 있다. 특히 요즘은 각종 인터넷 쇼핑몰, 해외 직구까지. 집 안에 가만히 앉아서 모든 물건을 수일 내로 내 앞에 도착하게 만들 수 있다. 심지어 백화점이나 쇼핑몰보다 싼 가격에. 그런데도 우리가 몰에 가서 물건을 구입하는 이유는 뭘까. 그건 아마도 굳이 요즘 말로 하자면, '감성'이 아닐까.

반짝반짝하고 매끈한 공간. 사방에 가득한 빛나는 물건들이 내 손에 들어온다는 상상. 특정 시즌의 풍요로운 분위기 같은 것들은 분명 온라인 쇼핑몰이나 동네의 소박한 가게에서는 즐길 수 없다. 놀이터에서 즐겁게 놀던 아이들도 테마파크에 가면 정신을 빼앗기듯, 내면 아이를 가진 우리 어른들도 황홀한 공간에 가면 눈과 마음을 빼앗길 수밖에 없다.

얼마 전, 더현대서울에 꼭 가보고 싶다던 친구와 함께 드넓은 푸드코트에서 한참 동안 메뉴를 골라 점심을 먹고, 본점보다 줄이 더 긴 것 같은 유명 카페에서 디저트를 먹었다. 또 다른 친구가 추천해 줬다는 고급 바디용품 매장을 찾기 위해 천천히 걸으며, 친구는 백화점에서 보내는 시간을 사랑한다는 얘길 했다. 그는 마음이 허전하거나 지칠 때 쇼핑을 하러 온다고 했다. 물건을 고를 때 친절하고 상냥하게 다가와 주고, 작은 것 하나를 사도 예쁘고 정성스럽게 포장해주는 모습이 좋다고. 그런 순간에 어쩐지 사랑받고 돌봄 받는 기분이 든다고 했다. 하지만 쇼핑백을 잔뜩 들고 기분 좋게 집에 돌아온 뒤엔 어쩐지 다시 허전해진다는 말도 덧붙였다.

그 이야기를 듣고 우리가 쇼핑을 하는 이유를 생각했다. 당연히 필요한 물건을 사는 게 쇼핑의 첫 번째 목적이지만, 백화점이나 쇼핑몰의 반짝반짝한 공간과 친절한 분위기 속에서 아름다운 물건들을 둘러보고 몸에 걸쳐 보고 예쁘게 포장된 박스에 담아오는 일련의 과정은 확실히 또다른 효과가 있다. 말하자면 호의와 친절 속에서 가질 수 있는 위로의 경험이다.

문득 영화 〈쇼퍼홀릭〉의 주인공 레베카가 생각났다. 아름다운 물건들을 사랑해서 쇼핑을 멈출 수 없던 레베카는 재정 상태를 확인하지도 않고 계속해서 쇼핑을 하다가 마침내 지급 불능 상태에 이른다. 물론 이 영화는 로맨틱 코미디이기 때문에. 레베카에겐 클리셰 가득한 완벽한 결말이 기다리고 있으니 우리가 굳이 걱정할 필요는 없다. 어쨌든 레베카가 그토록 쇼핑을 했던 건 눈앞을 스치는 그 반짝거리는 아름다움. 물건을 구입할 때의 짜릿한 기쁨을 매번 외면하지 못했기 때문이다. 물건만일까. 인스턴트의 마음일지라도 어떤 날엔 꼭 필요한 친절이 거기 있다.

테마파크 같은 그곳의 문을 열면 우리는 원하는 것을 바로 손에 넣고 싶은 어린아이가 된다. 문 밖의 세상은 내 마음대로 되지 않는다. 하지만 몰 안에서는 갖고 싶은 물건. 먹고 싶은 음식이 종류별로 가득하고 호의와 친절이 끝없이 따라 붙는다. 원하는 것을 그 자리에서 직관적으로 채울 수 있다. 바로 그때 어른의 탈을 쓰고 버티느라 힘들었던 시간을 보상받고 싶은 내면의 아이가 등장한다. 이것도 갖고 싶고 저것도 갖고 싶다고 목소리를 높이면서.

물론 이 모든 것을 누리기 위해선 돈이 있어야 한다. 거꾸로 말하면 돈이 많다면 원하는 것을 뭐든 누릴 수 있다는 뜻이다.

그래서 이곳에 온 '아이들'은 가진 자본의 크기가 클수록, 보상받고 싶은 마음을 더 크게 내비친다. 그래도 되는 곳이기 때문이다.

　몇 년 전 한 백화점 VIP 회원이 주차장 안내원 3명을 2시간 동안 무릎 꿇린 일이 기사화되며 큰 논란이 있었다. 주차공간이 부족하다고 안내하자 폭언을 하고 무릎을 꿇게 했다는 것이다. 이런 종류의 고객의 '갑질'과 관련한 사건들은 기본적으로 인권 의식과 공감능력이 부족한 탓이다. 하지만 한편으로는 원하는 방식의 호의를 받지 못하고 거기서 외로운 마음을 채우지 못해 벌어지는 일이라는 생각이 들었다. 겉모습만 어른인 '아이들'이 떼를 쓰는 것처럼 말이다. 몰은 타인을 생각하는 사려 깊은 마음을 챙겨서 가는 곳이 아니라, 장바구니처럼 빈 마음을 가지고 뭐든 채우러 가는 곳이기 때문에.

　드라마 〈더 파라다이스〉에도 비슷한 맥락의 에피소드가 있다. 남편을 떠나기로 결심한 조슬린은 갚을 능력이 부족하다는 사실을 숨기고 감당하지 못할 쇼핑을 한다. 그리고 자신을 도와준 백화점 직원에게 사랑의 감정까지 느끼는데, 그가 자신의 마음을 받아주지 않자 누명을 씌우기에 이른다. 조슬린이 화려한 옷과 모자로 채우고 싶었던 것은 옷장이 아니라 마음이었을 것이다. 정확히는 그 물건들을 사러 갔을 때 자신에게 주목하는 직원들, 따뜻한 친절과 배려, 그런 것들에 마음을 빼앗겼을 테다. "오랫동안 타인의 친절이나 배려를 모르고 살았다."고 말하는 조슬린의 얼굴은 쓸쓸해 보였다.

　도시의 삶은 외롭다. 뭐든 혼자 해결할 수 있는 성숙한 어른이면 좋겠지만, 슬프게도 우리 모두의 마음 속엔 대부분 어린 아이가 있다. 그 아이가 혼자서는 어쩌지 못하는 외로움, 공허함, 슬픔 같은 것들이 어른의 탈 아래를 메운다. 물론 그렇다고 해서 레베카처럼 끝없이 쇼핑을 할 수는 없다. 레베카는 거짓말로 돈을 빌려 스카프를 사고 취직도 하고 그러다 자신의 쇼핑 경험을 살려 쓴 칼럼으로 성공하고 심지어 사랑까지 얻지만, 현실에서 그런 우연은 일어나지 않는다. 아마 현실의 우리라면 감당하기 어려운 카드 명세서를 받거나 괜한 사람에게 수틀린 응석을 부리다가 갑질하는 진상 고객이 되어 버릴 수도 있다.

　　잠깐 반짝이는 것들을 손에 넣거나, 모르는 사이에서도 건넬 수 있는 인스턴트 친절을 누리는 것만이 해결책이 아니라는 건 안다. 하지만 더 진실한 것을 쉽게 찾아낼 수 있을까. 우리는 거대 도시 속에서 살아남기 위해 애쓰느라 어른의 모양만 갖추고 살아간다. 진실한 친절이나 반짝이지 않아도 반짝이는 것들을 만나고 싶지만 필요한 순간에 만나기란 쉬운 일이 아니다. 마치 도시에서만 자란 아이가 자연을 누릴 줄 모르는 것처럼.

　　어린 시절에 찾았던 에버랜드는 정말로 꿈과 희망의 나라였다. 원하는 것은 전부 있었다. 가기 전날부터 설렜고, 돌아온 날 밤에는 꿈에서도 그 설레는 세계가 이어졌다. 하지만 성인이 된 후 다시 간 그곳은 속이 비어 있는 각종 조형물들의 도색이 빛바랜 곳이었다. 인형 탈 속에는 사람이 있고, 신나게 노래하며 춤추는 직원들은 임금이 되어야만 그렇게 즐거울 수 있다는 진실 역시 성인인 나는 이미 알고 있었다.

전부 가짜란 것을 알면서도 놀이기구를 타고 풍선도 하나 사 들고 아이스크림을 먹으며 꿈을 누리고 왔다. 그것 나름대로 즐거웠다. 서로 가짜 캐릭터란 것을 알면서 즐겁게 노는 할로윈 파티 같은 것일지도 모르겠다. 우리에겐 현실과 유리된 순간이 종종 필요하니까. 더현대서울에 갔던 날, 쇼핑한 뒤 집에 오면 조금 허무해진다고 얘기하면서도 또 그날의 쇼핑을 즐기던 친구의 마음도 똑같은 것이었을 테다. 물론 나 역시 그런 마음을 안다.

그래서 어떤 날은 많진 않아도 가진 만큼, 자본의 힘을 살짝 빌려 본다. 이곳에서는 우리 사이에 자본이 흐르지 않으면 아무 감정도 생겨날 수 없다는 것을 알지만. 그래도 우리에게는 테마파크가, 인형 탈을 쓴 캐릭터와 풍선이, 할로윈 파티를 여는 날이 필요하니까. 그 뒤에 숨어서 타인의 친절과 따스함을 구해 본다. 우리의 속에는 그저 좋아하는 것, 예쁜 것, 맛있는 것을 누리고 싶은 내면 아이가 살고 있으므로. 게다가 혼자서 어쩌지 못하는 마음을 안고 종종 시무룩해지는 그 아이를 도와줄 사람은 나뿐이기 때문에.

당장 오늘 선물을 사주는 일이 본질적인 해결책이 될 수는 없다. 게다가 야간개장을 하는 테마파크일지라도 하나둘씩 불이 꺼지고 안내 방송이 나오면 결국 퇴장의 순간이 온다. 문을 나서자마자 다시 현실이고, 오늘의 환상이 내일을 책임져줄 수 없다는 것쯤은 우리도 이미 알고 있다. 하지만 순간의 행복을 누리며 웃는 아이의 얼굴이 보고 싶어서 꼭 필요하지 않은 깜짝 선물을 사주듯이, 내 안의 아이에게 오늘만은 이유 없는 호

사를 베풀어 본다. 하루쯤은 그래도 괜찮다고. 작은 등을 살포
시 두드려 주면서.

물가에 모여서 우리는

이 학교에 잘 적응할 수 있을지 의문이었는데. 학교에서 가장 잘 나가는 아이들이 갑자기 말을 걸어 줬다. 게다가 함께 쇼핑을 가자니! 그들 사이에 섞여 화려한 쇼핑몰을 거니는 기분은 꽤나 짜릿했다. 어느새 입고 있던 티셔츠가 촌스러워 보이기 시작했다. 함께 걷고 있는 친구들처럼 예쁜 옷을 입고 싶었다.

이게 갑자기 무슨 소리냐면. 하이틴 영화의 고전이라고 할 수 있는 〈퀸카로 살아남는 법〉의 주인공 케이티의 이야기다. 당시 큰 인기를 끌었던 이 영화는. 최근에 레이첼 맥아담스와 린제이 로한. 아만다 사이프리드가 동시에 출연했다는 사실이 알려지며 다시 화제가 되었다. 그때는 다들 이렇게 대형 스타가 될 줄 몰랐겠지.

영화 속에서 동물학자인 아버지를 따라 아프리카에서 살다가 전학 온 케이티는 학교의 다른 아이들과 조금은 다른 존재다. 특히 그 학교에서 가장 잘나가는 여학생 레지나와는 완전히 다른 캐릭터다. 그런데 케이티와 썸이 생기려는 남자애가 바로 레지나의 전 남자친구였다. 묘한 질투심이 발동한 레지나는 케이티를 전 남자친구와 멀어지게 만들기 위해서 자신의 측근으로 포섭하려고 하는데, 첫번째 단계가 바로 같이 쇼핑을 하러 가자고 권하는 일이었다. 대단한 일이라기보단 그저 쇼핑몰을 여기저기 거닐며 아이쇼핑을 하거나 다른 아이들을 만나는 일이다. 하지만 하이틴 영화 속 이런 행위에서는 어느 친구들과 걷고 있는지가 중요하다. 레지나의 무리에 섞이는 건 마치 신분상승처럼 굉장한 사건이었다.

전형적인 미국 하이틴 영화 속에서 쇼핑몰은 함께 어울리며 유대를 쌓는 공간으로 그려진다. 레지나 무리와 함께 쇼핑몰을 거닐던 케이티가 메인홀의 분수대 앞에 앉은 이들을 보고 속으로 중얼거리는 대사가 인상적이다. "쇼핑몰의 정경은 고향 아프리카를 연상시켰죠. 발정난 동물들이 물가로 모여드는 것처럼요." 원래 물가는 그런 곳이다. 물가에서 벌어진 수많은 파티, 우물가나 냇가에서 빨래와 목욕을 하며 오고 간 이야기들이 역사를 만들어왔다.

오래전의 일이라 다들 기억할지, 혹은 알고 있을지 모르겠지만, 90년대에는 백화점과 쇼핑몰, 대형 마트의 셔틀버스가 있었다. 원래는 몰이 이용객을 유치하기 위한 마케팅 방법이었는데, 몰에 가지 않는 사람들도 자주 이용하곤 했다. 아파트가 밀집한 신도시에서는 특히나 운영사 별로 여러 대의 셔틀버스가 자주 다녔다. 일반 시내버스보다 더 깨끗하고 넓은 좌석, 빵빵한 에어컨이나 히터, 정확한 배차 시간, 심지어 친절한 기사님까지. 완벽한 이 버스는 심지어 행선지가 몰이 맞는지 확인하지도, 구매 영수증을 보여 달라고도 하지 않았다. 지금과 달리 서로의 마음이 아주 넉넉한 시절이었다.

청소년기를 부산 해운대의 신도시에서 보냈던 나 역시 초등학교 고학년 무렵부터 중고등학생이 될 때까지 이 셔틀버스를 자주 탔다. 내가 살던 해운대구 좌동은 휴양지로 유명한 해변과는 조금 떨어진 안쪽에 있었는데, 신도시가 생긴 지 얼마 되지 않아 운행하는 시내버스 노선이 적었다. 그래서 놀거리가 모여 있는 바닷가 쪽으로 나가려면 백화점이나 대형 마트의 셔틀버스가 아주 좋은 교통수단이었다. 학교가 끝난 뒤, 혹은 주말이나 방학마다 우리는 각자의 아파트 단지 앞에서 셔틀버스를 타고 버스 안에서, 혹은 도착지인 몰에서 만났다.

우리에게 몰은 학교 밖에서 친구들을 만나는 장소였다. 무엇을 꼭 사지 않아도 이것저것 구경을 하다가 게임 코너에서 펌프나 DDR처럼 당시 유행하는 게임을 하고, 배가 고프면 패스트푸드를 사먹곤 했다. 종종 영화를 봤고, 스티커 사진이나 당시 유행하던 이미지 사진 같은 걸 찍기도 했다. 원하는 것은 대체로 다 거기 있었다. 우리는 반짝거리는 눈을 가지고 모두 그곳으로 모였다.

조금 다른 맥락이지만, 해운대의 경우 특수하게 호텔 셔틀버스도 있었다. 해변에 위치한 대형 호텔의 셔틀버스를 타고 그곳의 수영장이나 영화관에 우리끼리 놀러가곤 했다. 지금은 영화관이 없어졌겠지만, 당시 그랜드 호텔의 영화관과 수영장은 해운대에서 꽤 알려진 문화시설이었다. 학교에서 단체로 영화 관람이나 수영 특강을 하러 가기도 했고, 이에 익숙해진 학생들이 삼삼오오 모여 개별적으로 찾아가기도 했다. 어린 학생들이 호텔 수영장을 다녔다고 하면 조금 이상할 수도 있지만, 당시 학생 할인을 한 수영장 입장료가 5~6천원선이었고 집 앞에서 무료 셔틀버스를 타고 다닐 수 있었으니, 공공시설이 부족했던 해운대 신도시에서는 나름 대중적인 복합문화시설인 셈이었다.

어쨌든 다시 몰로 돌아오자면, 몰에 놀러 가는 것은 뒷골목을 헤매는 것보다는 안전하다고 여겼기에 부모님들도 쉽게 외출을 허락하곤 했다. 무리 지어 놀다 보면 같은 학교 친구들이나 옆 학교의 학생들을 만나는 경우도 허다했다. 특히나 소위 '잘 나가는' 친구들은 저녁이나 주말마다 몰에서 발견됐다.

우리만 그런 건 아니었다. 90년대 후반에서 2000년대 초반에는 전형적인 미국 하이틴 영화가 인기를 끌었는데, 하이틴 장르의 정석이라고 불릴만한 〈클루리스〉나 앞서 언급한 〈퀸카로 살아남는 법〉 등에서 늘 쇼핑몰이 등장했다. 영화 속에서도 학교에서 잘 나가는 무리들은 유행하는 스타일로 차려입고 쇼핑몰에 가서 시간을 보낸다. 장르가 좀 다르지만 쇼핑몰을 배경으로 한 〈몰래츠〉라는 영화도 있었는데, '몰래츠mallrats'는 대도시에 있는 백화점이나 쇼핑센터에서 아이쇼핑을 하며 시간을 보내는 젊은이들을 뜻하는 말이다. 이런 단어까지 존재했던 걸 보면 동서양을 막론하고 그 시대의 십대들은 대체로 쇼핑몰에서 시간을 보내왔던 것 같다.

당시 하이틴 영화 플롯의 정석은, 주로 평범하거나 '아싸'인 여주인공이 어떤 계기로 인해 학교의 '인싸' 무리와 엮이게 되고 이런저런 사건을 겪으면서 잘생기고 다정한 남자 주인공과 사랑에 빠지는 것은 물론, 결국 진정한 자신을 찾게 되는 이야기였다. 여기서 평범한 주인공이 학교에서 잘 나가는 여자친구들 무리에 섞이고 나면 함께 가는 곳이 주로 쇼핑몰이다. 이 친구들은 같이 쇼핑을 하며 주인공의 스타일을 놀랍도록 변화시켜주기도 한다.

지금 생각해보면 오래된 하이틴 영화들은 클리셰로 범벅이 된 오글거리는 스토리지만, 그래도 90년대에서 2000년대에 이르는 시대의 한 조각을 차지하는 문화였다. 나도 종종 그 시절의 뻔한 하이틴 영화를 찾아보곤 한다고, 넷플릭스에서 이런저런 하이틴 영화가 새로 나와 화제가 될지라도 청소년기에 봤던 그 영화들만큼 재미있진 않다고 슬쩍 고백해본다.

90년대 말 폭발적으로 증가했던 셔틀버스는 2001년 6월 여객자동차운수사업법 개정에 따라 금지되었다. 백화점이나 할인점 셔틀버스로 인해 중소 유통업체와 운수업계가 피해를 본다는 주장이 받아들여졌던 것이다. 헌법재판소도 이 조항이 합헌이라는 판단을 내리면서 셔틀버스는 영영 사라졌다. 비록 몰에 도착하는 쉬운 방법은 사라졌지만 우리는 계속해서 몰에 갔다. 우리가 원하는 것, 유행하는 것은 모두 거기 있었기 때문이다.

청소년들만일까. 어른들도 반짝이는 눈을 갖고 쇼핑몰에 간다. 조금 더 고급스러운 물건과 문화를 찾아 백화점으로 발걸음을 옮기기도 한다. 문화센터 수업에 참가하기도 하고, 인근에 사는 이웃이나 친구들, 학부모들과의 사교 모임을 위해 몰의 식당가를 찾기도 한다. 백화점 상층부에 위치한 식당가에 가면, 평일 낮이라도 잘 차려입은 사람들이 삼삼오오 모여 우아한 친교를 도모하고 있다.

JTBC에서 방영했던 시트콤 〈청담동 살아요〉를 한창 재밌게 봤는데, 다른 것보다 김혜자 배우님의 능청스럽고 위선적인 캐릭터 연기와 부조리를 웃음으로 만드는 에피소드들을 좋아했다. 그는 청담동이라는 부촌에 살지만 작은 만화방을 운영하는 서민이다. 자세한 사정을 감추고 백화점 문화센터의 시 작문 클래스에 다닌다. 청담동의 사모님 무리에 끼고 싶었기 때문에 최대한 잘 차려입고 우아하게 처신하지만, 와인을 마시는 모임에서 멜론 프로슈토를 처음 보고 무너지고 만다. 프로슈토라는 햄을 먹어보기는커녕 그게 뭔지도 몰랐을뿐더러, 이 알 수 없는 햄과 멜론과의 조합은 듣도 보도 못했기 때문이다.

웃기면서도 씁쓸한 에피소드지만, 백화점이라는 곳이 단지 물건을 사고파는 상업 공간이 아니라 계급을 가르는 친목의 장으로 기능하는 모습을 보여주는 이야기였다. 마치 근대를 배경으로 한 영국 드라마나 미국 드라마에 나오는 사교계 파티의 장면 같기도 하다. 일정한 나이가 되면 데뷔하게 되는 휘황찬란한 공간 말이다. 모두가 한껏 잘 차려입고 나와 가깝지도 멀지도 않은 사람들과 어울리며, 치부를 들키지 않으려고 적당히 가면을 쓴다. 수많은 이야기가 오가고 또 새로운 이야기가 불거진다.

옛날이나 지금이나 사는 모습은 다르지 않다.

　　이 세대를 막론한 친목의 장은 드라마에 등장하는 사교계보다 데뷔 연령이 훨씬 빠르다. 대부분의 유아들이 백화점이나 쇼핑몰의 문화센터에서 수업을 들으면서 사교활동을 시작하기 때문이다. 이 아기들은 자라서 또 어떤 방식으로 몰을 이용하게 될까. 90년대에 봤던 하이틴 영화 속 모습과는 또 다르겠지만, 분명한 건 그들은 우리보다 더 익숙할 거라는 사실이다.

자유의 최전선

마침내 그가 차를 바꾸고 싶다고 했다. 고민하고 있는 차종은 물론 가격이나 혜택, 받을 수 있는 날짜 등등을 카톡으로 보내기 시작했다. 내 동생의 얘기다. 사실 나는 운전을 하면서도 차는 그냥 바퀴 달린 이동수단 정도로 생각하는지라 차의 모양이나 이름에 무심하다. 그래서 동생이 무슨 얘기를 한들 결정에 도움을 줄 수 없다. 그저 들어줄 수밖에. 하지만 데자뷔인가 싶을 정도로 몇 년 전과 비슷한 이 상황이 무엇을 뜻하는지는 확실히 안다. 연이은 야근과 출장, 영업 골프의 무한 굴레에 갇혀 여가와 취미를 모두 빼앗긴 대한민국의 30대 회사원이 삶의 돌파구를 찾는 중이다.

대부분의 평범한 사람들에게 있어서 자동차라는 동산을 구입하는 것은 기분에 따라 덜컥 저지를 수 있는 일이 아니다. 가격과 옵션, 할부기간 등을 꼼꼼히 따져서 본인의 상황에 맞는 선택을 하지 않으면 이후 일상에 약간의 불편, 아니 고통이 따른다. 게다가 차가 꼭 필요한데 없어서 구입하는 게 아니라 이미 있는 멀쩡한 차를 바꾸려는 경우에는 조금 더 소비를 주저하게 된다.

그래서 동생은 지난번에 차를 바꿀 때처럼 이번에도 몇 달째 고민만 하고 있었다. 사자니 살짝 부담스럽고, 안 사자니 이렇게 지루한 삶이 계속 이어질 것만 같은데 그렇다고 살 돈이 전혀 없는 건 또 아닌 애매한 상태. 하지만 근미래에 할부금을 갚아야 할 채무자는 동생 자신이었고 나는 멀찍이 떨어져서 바라보는 제3자였다. 그래서 나는 아주 쿨하게, 그렇게 오래 고민하면서 고통받을 바에야 차라리 사놓고 주말마다 세차하면서 즐거운 기분을 느끼는 게 어떠냐고 제안했다. 그리고 뒤이어 차를 사지 않는 대신 퇴사도 추천한다는, 아주 무책임한 조언까지 던졌다.

물론 농담이었지만 진담이 전혀 섞이지 않은 건 아니었다. 같은 뱃속에서 나왔을 뿐 나와는 성격이 다른 동생의 본심이 어떨지 완전히 알 수는 없지만, 진퇴양난의 직장인의 삶 속에서 사는 낙을 찾기 어려우니, 새 차라도 사서 즐거움을 찾아보려는 것 같다는 생각이 들었기 때문이다.

우리가 원한다고 생각하는 건 어쩌면 원하는 게 아닐지도 모른다. 동생은 그저, 야근과 출장이 반복되지만 원하는 만큼 결과가 나오지 않는 지난한 프로젝트, 주중의 피로를 그대로 짊어진 채 주말을 반납하고 새벽같이 골프장으로 나서야 하는 부조리한 생활에 대한 어떤 보상이 필요했던 건 아닐까. 새 차라는 표상으로 가지고 싶었던 건 어쩌면 성취감이나 보람, 좋아하는 걸 가지는 단순한 기쁨이 아니었을까. 그런데 그런 마음을 채우는 데 필요한 게 꼭 새 차여야만 할까.

소비 행위는 사람에게 안정감을 준다. 무언가 소유하는 기쁨에서 마음의 생동을 느끼며 내가 존재한다는 사실을 확인한 달까. 또한 소비할 때에는 넉넉한 시간과 돈만 있다면 누릴 수 있는 수많은 선택지가 있다. 심지어 그 선택의 과정에는 환대와 미소라는 레드카펫까지 깔려 있다. 그래서 바바라 크루거°는 "I shop therefore I am(나는 소비한다. 고로 존재한다)."이라고 했나보다.

일이든 관계든 어른의 삶은 대체로 선택지가 없다. 타자에 의해 나의 향방이 결정되거나 선택지가 있더라도 그 중 어느 것 하나 진짜 원하는 것은 없는 경우. 그러니까 사면초가의 상황에서 선택이라는 행위의 모양만을 흉내내는 경우도 많다. 그런 삶 속에서 늘 막막한 우리에게 취향껏 자유로운 선택을 할 수 있는 소비행위는 즐거울 수밖에 없다. 물론 넉넉한 자본이라는 전제조건이 따라 붙지만, 한편으론 스스로 일해서 쌓은 자본으로 하는 소비행위는 은근한 성취감을 주기도 하니 말이다.

몰은 우리가 각자의 욕망을 채울 수 있도록 선택지를 다양하게 나열하고 자유를 부여하는 곳이다. 자본주의 아래 견고하게 세워진 이 '상업의 대성당'은 우리에게 여기 이렇게 많은 선택지가 있다고. 무엇을 선택하든 당신의 자유라고. 선택하고 소비하면 행복할 수 있을 거라고 반복해서 속삭인다.

그리고 그런 강령에 걸맞게 수많은 상점과 각양각색의 물

○ 바바라 크루거Barbara Kruger, b.1945는 미국의 예술가로. 이미지와 텍스트를 병치하는 방식의 작품으로 성. 인종. 외모지상주의 등 우리 사회를 지배하는 권력이 작동하는 방식을 보여준다. 'I shop therefore I am'은 소비문화를 풍자하는 바바라 크루거의 대표작이다.

건, 없는 메뉴가 없는 푸드코트를 마련해서 어떤 고객이 오더라도 필요한 욕구를 충족할 수 있도록 대비한다. 가족 단위의 고객을 잡기 위해서 몰 밖의 어느 가게들보다 아이들에게 친절하며, 아이들과 함께 쉬거나 놀 수 있는 공간도 충분히 마련해두고 있다. 친구나 연인과 함께 와도 마찬가지다. 그들은 모든 것을 준비해두고 있다. 함께 온 사람들은 서로 원하는 게 다르지만, 그곳에서 각자 필요한 욕망을 채울 수 있다.

하지만 가끔은 그런 생각이 든다. 우리는 그곳에 함께 있었지만 무엇을 함께 한 걸까. 나란히 걷고 있지만 고개를 돌리는 방향은 다르다. 올 때부터 원하는 품목, 하고 싶은 활동이 각자 다르다. 푸드코트에서도 같은 테이블에 앉아 식사하지만 각자의 트레이에 서로 다른 식당의 다른 메뉴를 담아 먹는다. 이곳은 그렇게 각자의 욕망을 찾아도 되는 곳이므로.

차를 사는 얘기를 하다가 잠시 딴 길로 빠졌지만, 이왕 하는 김에 더 얘기해볼까 싶다. 책 『맥도날드 그리고 맥도날드화』에는 각자 먹고 싶은 음식을 트레이에 담아와 앉는 패스트푸드점에서의 효율적인 시스템이 '가족 식사'에 미치는 영향에 관해 쓴 부분이 있다. 책에서는 패스트푸드점을 예로 들었지만, 나는 쇼핑몰의 푸드코트도 비슷하다고 생각했다.

정신없는 식당의 분위기, 각자 다른 음식과 그 음식이 나오는 속도는 테이블에 앉은 사람들의 주의를 서로 다른 곳으로 돌리고, 이들은 긴 시간 여유롭게 대화하며 친밀해질 기회를 가지기 어렵다. 이 책의 저자는 이를 설명하기 위해 한 저널리스트의 기사를 인용한다. "피카릴리(겨자에 절인 야채 요리)를 빠뜨린 것을 알고서 사람들 사이를 뚫고 계산대로 종종걸음 치는 아들에게 아버지가 오늘 하루 무슨 일이 있었는지를 물어볼 수 있겠는가?"○

함께 움직인다고 해서 꼭 같은 경험을 해야만 하는 것은 아니다. 하지만 조금은 싫더라도, 조금은 다른 걸 하고 싶더라도, 서로 약간씩 타협하면서 무언가를 함께할 때 생기는 친밀함이 있다. 바깥의 거리에서 들어가고 싶은 가게를 고를 때, 같은 식당 안에 들어와서 머리를 맞대고 메뉴를 고를 때처럼. 우리는 보통 그런 과정에서 서로의 세계에 조금씩 침범하며 더 가까워진다.

그런데 쇼핑몰이나 백화점에는 모든 것이 있으므로, 누구라도 큰 불만 없이 함께 올 수 있다. 하지만 오는 무리는 각자 다른 생각을 한다. 우리는 함께 있는 곳에서 어쩌면 더욱 개인적인지도 모른다. 그래서 이건 매우 편리하지만 조금은 외로운 외출이라고 느껴졌다.

그래도 선택지 없는 현대 도시인의 삶 속에서 몰은 확실히 다양한 선택지를 제공하는 멋진 공간이다. 우리는 그곳에 자유가 있다고 느끼며 성취감과 기쁨을 얻는 소비행위를 하러 간다. 그들이 설계한 동선을 따라 이동하고 공간을 지배하는 향기와 소리, 시각 이미지 속에서 은근하게 권하는 물건을 제시한 가격에 구매한다. 세일이라는 글자 아래의 가격표는 더 큰 성취감을

○   조지 리처. 『맥도날드 그리고 맥도날드화』. 시유시. 2001. p.241

느끼게 하지만 사실은 그것조차 그들이 일방적으로 제시한 숫자다. 우리가 자유라고 느끼는 것들은 어쩌면 그다지 대단한 자유가 아니라 누군가에 의해 통제된 자유일지도 모른다.

한참을 고민하던 동생은 재미있는 얘기를 했다. 6개월 뒤에 출고되는 차의 예약금으로 5만 원을 걸어 두고 나니 세상 행복하고 뿌듯했단다. 그렇다면 6개월 뒤 차가 나올 때 즈음 예약을 취소하고 다시 다른 차를 예약하면 똑같은 기분일 것 같고, 결국 1년에 단돈 10만 원으로 차를 산 효과를 누릴 수 있는 게 아닌가 생각했다고 말이다.

물론 그는 차를 사기로 했다. 6개월 뒤가 아니라 며칠 뒤 눈 앞에 나오는 새 차를 온갖 혜택을 받아 상당히 좋은 가격으로 구입했고 한껏 즐거운 기분이 되어 시승식도 시켜주고 맛있는 밥도 샀다. 탈 것에 무심한 나조차도 좋은 새 차를 탄 기분은 꽤 괜찮다는 생각이 들었다. 게다가 동생이 행복해하니, 뭐 그걸 보는 마음도 좋았다.

하지만 그가 말했다시피, 필요했던 것이 꼭 새 차는 아니었던 것 같다. 커다란 금액 단위의 어떤 물건을 자기 스스로 샀다는 성취감, 주체적으로 선택할 수 있는 약간의 자유, 그리고 거기서 확인되는 자신의 사회경제적 능력은 자꾸 사람을 무력하게 만드는 사회생활 속에서 자기효능감을 느낄 수 있게 한다. 자기효능감은 결국 사람의 존재와 직결된다.

그렇게 보면 소비행위로써 내가 존재한다는 강령은 진실일 테지만, 여기서 중요한 건 물건이 아니다. 자신이 존재한다는 사실을 매 순간 확인하며 마음을 채우고 내 삶에 두 발을 단단히 딛고 살아가는 것이다. 너무도 당연한 그것을 사회와 타인에게서는 충족하기 어려운 구조 속에서 우리는 그나마 손쉽게 닿을 수 있는 물건으로 마음을 채워보고. 이 비밀을 눈치챈 '상업의 대성당'들은 우리에게 자꾸 무언가를 권한다.

눈 앞에 아른거리는 물건들 뒤에는 다른 이야기가 있다. 이 디자인이 빼어난 북유럽산 그릇을 사라는 건 당신의 취향을 눈에 보이게 드러내 보라는 이야기. 감탄스러울 정도로 촉감이 좋은 이집트산 면 침구 세트를 사라는 건 지친 하루가 끝난 밤 피로와 쓸쓸함을 이 보드라움으로라도 위로받아 보라는 이야기. 최신 유행의 아름다운 옷을 사라는 것은 이것을 걸치면 조금 더 사랑받을 수 있다는 이야기. 누구나 알만한 브랜드에서 한정판으로 나온 고급 시계를 사라는 건 당신의 성취를 또렷하게 확인해보라는 이야기.

몰을 걷다 보면 자꾸만 다른 이야기들이 들린다. 오감을 자극하는 이미지 뒤의 이야기를 우리도 어렴풋이 느끼지만. 선택의 여지가 없는 바깥 세상보다는 여기가 적으나마 자유를 선사하는 곳이기에. 또 지갑을 열어 본다. 그 뒤에 올 것이 어제보다는 조금 나을 것이라고 기대하면서.

도시를 움직이는 거대한 기계

칭다오에서는 누구나 완샹청을 알고 있었다. 완샹청은 당시 칭다오에 생긴 지 얼마 안 된 거대한 쇼핑몰이었다. 기존의 어떤 백화점이나 쇼핑몰보다 크고 고급스러웠다. 첫 중국 여행에서 나는 바로 그 완샹청 옆에 숙소를 잡았다. 영어 소통이 어려운 데다가 밑도 끝도 없이 중국어로 말을 거는 그곳은 중국어를 하나도 모르는 내게 너무 난감한 여행지였다.

하지만 도착한 지 이틀만에 재미있는 사실을 깨달았다. 솔직히 지금은 기억도 나지 않는 레지던스 호텔의 기나긴 이름을 중국어로 발음할 줄 모르더라도. 택시 기사님과 영어가 전혀 통하지 않을지라도 '완샹청'이라는 어설픈 발음만 더듬거리며 전하면 숙소에 도착할 수 있다는 사실이었다. 다른 관광지에 가려면 미리 인쇄해 온 한자를 보여 주어야 했던 것에 비하면 거의 기적이었다.

홍콩에서는 ifc몰, 방콕에서는 시암센터나 시암 디스커버리에 갔을 때 비슷한 기분이었다. 해외의 어느 도시에 가던지 그 도시를 대표하는 쇼핑몰이나 백화점 이름을 대면 언어가 잘 통하지 않아도 대체로 쉽게 길을 가르쳐 주거나 그곳으로 데려다주었다. 우리나라로 친다면 강남에서 압구정 갤러리아 백화점, 여의도에서 더현대서울이나 ifc몰, 명동에서 신세계 백화점을 찾는 느낌일 테다.

여행정보를 찾다 보면 관광지 목록에 꼭 유명한 쇼핑몰이나 백화점이 끼어 있다. 언젠가부터 왜 여기 가야만 하는지 궁금해졌다. 이 상업 공간들이 성당과 미술관과 박물관, 시청이나 광장 같은 곳과 어깨를 나란히 하며 여행 도서에 고개를 내밀기 적합한 존재일까? 우리는 왜 어떤 도시를 찾을 때 쇼핑몰과 백화점에 들러야만 하는 걸까.

어린 시절 파리에 처음 방문했을 때 라파예트 백화점에 잠시 방문한 적이 있었다. 미술사를 공부하는 학생이었던 당시의 가이드는 우리에게 이곳에서 꼭 뭘 사야 한다고 권하지 않았다. 오히려 무언가를 꼭 사야 한다고 말한 건 이후에 들른 대형 면세점에서였다. 한국보다 싼 것, 한국에선 팔지 않는 것, 선물하기 좋은 화장품이나 향수 같은 것들 말이다. 그러나 그는 라파예트가 유서 깊은 백화점이라며 그저 둘러보며 느끼라고 했다. 아, 물론 라파예트에서 뭔가 사고 싶다면 그건 개인의 자유였지만, 그의 말이 의미하는 건 그게 아니었다. 오래전부터 이 도시에 자리 잡아 온 유행이나 소비의 모양새, 거기서 드러나는 파리의 문화를 느껴보라는 말에 가까웠다. 게다가 소비자의 동선을 고려한 공간은 건축적으로도 흥미를 불러일으키기 충분했다.

또한 완상청이나 ifc몰, 시암센터처럼 좀 더 캐주얼한 쇼핑몰에서는 각 나라와 도시의 최신 유행과 대중문화의 최전선을 만날 수 있다. 가이드는 없었지만 쇼핑몰을 거닐며 직관적으로 알 수 있었다. 그러니까 우리는 어떤 나라나 도시를 방문했을 때, 특정한 물건을 사기 위해서만이 아니라 그곳의 오늘, 그리고 문화를 경험해보기 위해 쇼핑몰과 백화점을 방문한다.

그러고 보면 쇼핑몰은 애초에 도시 개발과 매우 연관이 깊다. 우리가 아는 도시의 시작은 19세기 파리로 거슬러 올라간다. 19세기 중반, 파리가 포함된 세느 지역의 지사를 맡고 있던 오스망 남작은 나폴레옹 3세의 지시에 따라 도시개발사업을 대대적으로 추진한다. 꼬불꼬불하고 지저분한 골목들을 밀어버리고 바둑판 같은 대로와 광장을 만들었다. 하수시설이 생기면서 도시의 겉모습이 깔끔해졌고, 중세의 낡은 건물들을 허물고 철제 난간 발코니가 있는 현대적인 아파트를 지었다. 지금 만날 수 있는 파리의 모습은 대부분 당시에 만들어진 것이다.

한편 오페라 극장, 기차역, 교회와 같은 커다란 건물들은 물론 상점, 카페, 공원들이 줄지어 생겨났고, 가로등이 생기면서 밤늦게까지 유흥을 즐길 수 있게 되었다. 파리의 생활상은 완전히 바뀌었다. 우아하고 멋지게 차려입은 사람들이 거리를 걸었고, 소비와 여가문화가 자리 잡았다. 도시의 중심가에는 상점가인 '아케이드'와 백화점이 생겼다. 프롤로그에서 언급한 에밀 졸라의 소설 『여인들의 행복 백화점』은 1852년 파리에 처음으로 등장한 봉마르셰 백화점을 모델로 한 것이다. 새로 건설된 도시의 시민들은 반짝이는 새 물건들로 가득한 아케이드와 백화점을 산책하듯 거닐었다. 도시 풍경을 기웃거리며 구경하는 벤야민의 '산책자' 개념도 이때 등장했다.

　　백화점이 유럽의 도시 한 가운데에서 탄생했다면, 쇼핑몰은 미국 도시의 외곽에서 먼저 시작되었다. 제2차 세계대전 이후 미국은 자국민 복지를 위해 주택담보대출을 국가가 보증하는 '국민주택법'을 시행했는데, 이는 시내의 오래된 주택보다 새로 지어진 교외의 주택 구입에 유리했다. 자연히 수요가 몰린 대도시 외곽에 주택 건설 붐이 일었다. 입주자의 대다수는 대도시로 출퇴근하는 사람들이었고, 구매력도 상당히 높았다. 이들에게 필요한 상업지구가 교외에 형성되면서 자연스레 쇼핑몰이라는 새로운 존재가 출현하게 되었다.°

　　우리나라에도 80년대 건설 경기 붐을 타고 백화점이 나타났다. 1997년 IMF를 거치며 지금의 롯데, 신세계, 현대 백화점이 3대 백화점으로 자리잡기 전에는, 한신, 청구 등의 건설회사가 초창기의 백화점을 만들고 운영했다. 대체로 일본식 백화점을 본 딴 형태였다. 이런 대형 상업 공간은 아무래도 수요가 있는 곳에 등장하기 때문에, 우리는 백화점이나 쇼핑몰 같은 대형 상업 시설의 유무와, 그것의 크기로 도시의 규모를 가늠하곤 한다. 마치 과거에는 커다란 장이 서는 곳이 거점 지역이었던 것처럼 말이다.

　　재미있는 점은 서울에 있는 몰들은 대체로 지하철 연결 통로를 가지고 있다는 점이다. 서울이라는 도시는 다른 어떤 곳보다도 도시 전체가 지하철로 연결되고 또 작동된다고 할 수 있는데. 여기에 몰이 연결되어 있다는 점은 시사하는 바가 크다. 우리는 지하철에서 내려 물 흐르듯 소비의 궁전으로 향한다. 자본과 소비의 메커니즘 안으로 유입되는 것이다. 물론 자연적으로 이런 구조가 형성된 것은 아니며, 소비자가 거부감 없이 몰에 들어와 소비할 수 있도록 만들기 위해 보이지 않는 곳에서 많은 애를 썼을 것이다. 어쨌든 몰은 이미 지하철이나 도로, 광장처럼 도시의 일부, 아니 기간 시설이 되었다.

『여인들의 행복 백화점』에서는 날이 밝고 영업을 시작하는 백화점의 모습을 "거대한 기계"로 묘사했다. 드니즈는 백화점의 영업 준비 풍경을 바라보며 "강력한 엔진으로 작동하는 거대한 기계를 보고 있는 것 같은 착각에 사로잡혔다. 그 요란한 움직임이 진열대까지 들썩거리게 하는 듯했다."[9] 대도시의 백화점을 처음 만난 드니즈가 경이로움을 느끼는 장면이다.

거대한 건축물은 우리에게 경외감을 느끼게 만든다. 인간의 크기와 비교할 수 없을 만큼 커다란 건축물 앞에서, 우리의 세계가 신의 손길로 만들어졌다는 믿음을 다지며 죽음의 공포를 누그러뜨리고 안정감을 찾는다. 실제로 경외감을 유도하는 영상을 보는 것만으로도 초자연적 존재를 향한 믿음이 커진다고 한다. 성당이나 교회, 행정기관 등을 거대하고 웅장하게 짓는 이유

○   설혜심, 『소비의 역사』, 휴머니스트, 2020. pp.345-347

◑   에밀 졸라, 『여인들의 행복 백화점 1』, 시공사, 2018. p.30

중 하나다. 우리는 자애로워보이는 그 건축물들을 보며 우리의 삶이 안전하다는 기분을 느낀다.° 예전에는 종교와 행정 건축이 그러했다면 요즈음에는 몰이 그러한 역할을 하지 않나 싶다. 어두운 밤 금화터널을 빠져나오면 저 멀리서부터 신촌을 빛내는 아름다운 자태의 그레이스 백화점처럼 말이다.

그런데 우리가 그 거대한 몰을 바라보며 느끼는 것은 무엇을 위한, 무엇에 의한 안정감일까? 이 도시의 유행과 소비, 그 아래에 깔린 자본의 역할이 제대로 굴러가고 있다는 것에서 오는 안정감. 그러니까 이 사회의 구조가 제대로 굴러가는 자동차나 기차처럼 견고하고, 그 안의 우리도 안전하다는 기분일까? 그레이스 백화점이 유독 빛나 보였던 것은 단순히 지금처럼 휘황찬란하지 않은 과거의 신촌 거리에서 백화점의 조명만 눈에 띄었기 때문은 아닐 것이다. 당시 그레이스 백화점이 뿜어내는 빛은, 서울도 이제 도쿄나 파리, 뉴욕 못지않은 대도시가 되어가고 있다는 증거, 즉 우리의 삶도 풍요로워질 것이라는 약속의 상징이 아니었을까.

얼마 전 여의도에도 그러한 약속의 땅, 아니 도시를 상징할만한 곳이 생겼다. 현대 백화점에서 야심차게 오픈한 더현대 서울은 최근 서울과 수도권의 백화점이나 몰 중에서 가장 화제가 된 공간이었다. 얼마 전에 문을 연 신세계 백화점 대전아트앤사이언스점이 만만치 않지만 화제의 중심이 되기에는 수도권에 위치하지 않았다는, 아니 정확히는 내가 아직 가보지 않아 논할 수 없다는 치명적인 단점이 있으므로 여기서는 일단 더현대서울을 파헤쳐보기로 한다.

　이곳은 고급 백화점을 오픈하기 위해서 꼭 '모셔와야' 한다는 3대 명품 브랜드인 에르메스, 루이비통, 샤넬. 속칭 '에루샤'를 미리 유치하지 않은 채 오픈했음에도 불구하고 최신 인테리어와 트렌디한 브랜드, 유명 맛집들을 줄줄이 입점시키며 도시에서 가장 핫한 공간이 되었다. 백화점에는 클래식한 고급 브랜드가 주로 입점한다는 통념과 달리, 더현대서울에서는 스트리트 패션 브랜드와 키치한 소품과 문구, 소규모 뷰티 브랜드까지 모두 경험할 수 있다.

　게다가 골목골목 줄을 서는 작은 맛집들도 이곳의 푸드코트에서 만나볼 수 있다. 춥거나 더운 날씨, 비오고 바람 부는 날에도 우리는 길거리에서 웨이팅을 하는 대신 키오스크에 정보를 입력하고 대기번호를 받은 뒤 안전한 실내에서 쇼핑을 즐기면 된다. 물론 그 대기번호가 때때로 수백 단위라는 단점이 있지만.

　오래 전의 만화 『맛의 달인』에서 식당이 백화점 푸드코트에 입점하는 걸 일종의 명예로 여기는 에피소드가 있었다. 입점 그 자체로 홍보가 되기도 하고, 백화점의 브랜드와 시너지 효과가 나서 고급스러운 이미지와 희소 가치까지 더해지기 때문이다. 동네에서만 유명했던 몇몇 맛집이 더현대서울에 입점함으로써 서울 전역에 입소문이 나고 본점에도 사람이 몰리며 큰 성공을 이루는 것을 보면서, 이들이 미치는 영향력에 관해 잠시 생각해 보았다.

보들레르는 현대의 사랑에는 새로운 자극과 센세이션이 필요하다고 했다. 영혼의 한 부분이 결여된 우리는, 지속적인 경험이 아니라 짧은 순간에 생성하고 다시 소멸하는 황홀함을 좇는다. 대도시인이 추구하는 사랑의 리듬이다.° 우리가 눈길과 마음을 빼앗기는 것들도 마찬가지다. 우리에겐 점점 더 놀랍고 자극적인 것들이 필요하다. 상업의 대성당은 우리의 눈길과 마음을 빼앗기 위해 몰의 문 밖, 거리에 자생하던 문화까지 정제해 모두 자기 바구니 안에 집어 넣었다. 그렇게 만들어낸 약속의 땅은, 자본을 상징하는 대형 오피스 빌딩이나 실제로 사후의 약속을 제공했던 거대한 교회 처럼 원래 여의도 지역을 대표하던 건축물들을 가볍게 제치고 여의도의 랜드마크가 되었다.

시간이 많이 흐른 뒤를 상상해본다. 지금이야 유적이라고 하면 절이나 탑, 고분, 궁궐 같은 것을 떠올리지만, 이는 상대적이다. 우리가 과거가 되면 현재도 역사가 된다. 굳건하게 자리를 지키던 커다란 몰들도 언젠가는 누군가 발견하고 추측하고 연구할 유적이 될지도 모른다. 우리가 과거의 유적을 보면서 당시의 사람들이 무엇을 숭배하고 또 경외감을 느꼈는지 추측하는 것처럼, 머나먼 훗날에 이 도시에 살고 있을, 혹은 이곳을 발굴할 사람들은 이 거대한 건축물을 보고 지금 이 시대와 우리에 관해 어떤 생각을 할지 궁금하다.

° 윤미애, 『발터 벤야민과 도시산책자의 사유』, 문학동네, 2020, pp.101-102

부푼 소매와 실크 스타킹

앤은 부푼 소매 드레스가 입고 싶었다. 고아원에서부터 앤은 평범한 소매 디자인의 검소한 옷을 입었다. 초록지붕 집에 온 이후에도 마릴라 아주머니가 만들어준 새 옷이라는 점만 달랐을 뿐, 옷의 모양은 크게 다르지 않았다. 하지만 친구들은 달랐다. 마을의 소녀들은 알록달록한 옷감으로 만든 부푼 소매 드레스를 입고 있었다. 마릴라 아주머니는 허영이라고 치부했지만. 그래도 앤은 부푼 소매 옷이 입고 싶었다. 어린 시절 즐겨 봤고 지금도 가장 아끼는 고전 중 하나인 『빨간 머리 앤』의 이야기다. 나는 앤이 부푼 소매 옷이 입고 싶었던 것은 그저 옷의 디자인 때문이 아니라는 걸, 이 이야기를 처음 봤던 어린 시절부터 알고 있었다. 왜냐하면 내게도 비슷한 에피소드가 있었기 때문에.

초등학교 1학년 때였던가. 새 운동화를 선물받은 나는 울상이 되어 버렸다. 무려 나이키였는데도 말이다. 내가 갖고 싶은 것은 품질 좋은 브랜드 운동화가 아니라 동네 친구들이 모두 신고 다니는, 만화 캐릭터가 그려진 분홍색 운동화였다. 옛날부터 엄마는 단정하고 세련된 취향을 가지고 있었다. 분홍색으로 반짝이는 책가방이 가득했던 입학식에서 나만 카키색 가죽과 베이지색 스웨이드가 콤보로 매치된 책가방을 메고 있었고, 점퍼가 아니라 금장 단추로 장식된 네이비색 피코트와 아이보리색 벨벳 원피스를 입고, 검정색 에나멜 구두를 신은 아이도 나뿐이었다.

사실 어린 시절의 사진을 다시 보면 엄마의 선택이 옳았다는 걸 깨닫는다. 지금 봐도 크게 촌스럽지 않을 정도니까. 엄마의 선택이었던 나이키 운동화가 시대를 앞섰다는 건 인정한다. 하지만 당시의 나는 분홍색 운동화가 신고 싶었다. 어린이의 취향이 유치하고 말고를 떠나, 이건 또래 집단의 문제다. 친구들이 입는 옷, 최신 유행의 옷 등, 옷을 고르는 것은 사소한 선택의 문제가 아니다. 내가 속한 집단의 모습, 밖으로 드러내고 싶은 나의 모습 등 다양한 선택의 이유를 반영한다. 친구들과 가까워지고 싶던 여덟 살의 지연이는 분홍색 홀로그램 운동화가 신고 싶었고, 어쩔 수 없는 일이었다.

다른 듯 비슷한 맥락인데, 엄마는 백화점에서 물건을 사는 것을 특별하게 이야기했다. 언젠가 옷장을 정리하면서 엄마 인생의 어떤 시기를 '백화점에서 옷을 사던 때'라고 불렀다. 그럴 만도 한 게, 아울렛이나 시장이 아니라 백화점에서 물건을 산다는 것은 같은 종류의 물건 중 가장 좋은 고급 제품을 산다는 걸 뜻한다. 또한 아울렛에서 할인하는 지난 시즌의 물건이 아니라 바로 지금 이 시즌의 물건을 정가로 산다는 것. 그러니까 약간

의 가격 차이에 연연하지 않고 지금의 유행을 누린다는 뜻도 된
다. 그걸 누릴 수 있는 건 결국 소유한 자본, 경제적 여유의 차
이에서 온다.

　이런 생각의 틈에서 소설 『키다리 아저씨』의 한 에피소드
를 떠올렸다. 키다리 아저씨에게 크리스마스 선물로 금화 다섯
닢을 받은 주디는 자신을 위한 일곱 가지 물건을 산다. 수업시간
에 늦지 않기 위한 손목시계, 매튜 아놀드의 시집, 보온병, 무릎
담요, 노란 원고지 500장, 동의어 사전, 그리고 마지막으로 실
크 스타킹이었다. 대체로 대학에서 공부하거나 작가가 되기 위
해 글쓰는 연습을 하기 위한 물건들이었지만, 실크 스타킹은 조
금 달랐다.

　주디는 스스로 편지에 쓰고 괜히 부끄러웠던지, 왜 실크
스타킹을 샀는지 구구절절 변명을 시작한다. 부잣집 딸인 줄리
아 펜들턴이 기하학 공부를 하러 주디의 방에 놀러오곤 하는데
그 때마다 실크 스타킹을 신은 다리를 보란 듯이 꼬고 앉는다는
것이다. 그래서 자신도 크리스마스 연휴가 끝나면 줄리아의 방
에 가서 실크 스타킹을 신은 다리를 꼬고 앉을 것이라고 했다.

　뒤이어 주디는 기부받은 헌 옷을 입던 고아원 시절과 자신
을 위한 새 드레스를 여섯 벌이나 가진 지금을 비교한다. 자신이
입은 헌 옷이 같은 반에서 성적으로 경쟁하던 아이가 기부한 옷
이라는 걸 알게 된 날, 다른 아이들이 그 옷을 가리키며 소곤대
며 웃던 순간을 아직도 기억한다고. 앞으로 평생 실크 스타킹만
신는다 하더라도 그 상처는 지워지지 않을 거라고 했다.

화학 섬유가 보편화된 오늘날엔 스타킹이 흔한 물건이지만 주디가 그 편지를 쓸 무렵 스타킹은 실크로 만든 비싸고 고급스러운 물건에 속했다. 부잣집 딸 줄리아가 가진 물건, 그리고 그 물건을 선망하는 주디의 모습에서 실크 스타킹이 단순한 물건이 아니라는 걸 눈치챌 수 있다. 그 물건을 가짐으로써 무언가 만회하거나 신분이 상승한 기분이 된다는 건, 누군가 의도했건 아니건 이것이 하나의 계급을 상징한다는 사실을 뜻한다.

신분제 사회에서야 소비생활과 상관없이 명백하게 계급이 나뉘었지만, 산업혁명 이후 이 경계가 흐려지면서 고급 물건을 소비하며 재력을 보여주는 '과시적 소비'로 자신의 경제적 계급을 드러낼 수 있었다. 앞서 언급한 벨에포크 시대로 잠시 돌아가 보자. 당시 파리의 대로는 멋지게 차려입은 사람들로 가득했다. 도시의 풍경을 담은 인상주의 화가들의 작품에는 몸에 딱 맞는 아름다운 옷을 입은 사람들이 유난히 자주 등장하는데, 19세기 프랑스의 인상주의 화가 구스타브 카유보트의 그림 ‹파리의 거리, 비오는 날›이 대표적이다. 그 이전 시대의 그림 속에서 그렇게 차려입은 사람들은 대체로 귀족이었지만, 19세기부터는 경제적 성공을 이룬 부르주아들이 이 대열에 합류하기 시작한다.

신분과 상관없이 모두 뒤섞여 걷던 거리에서, 사람들은 세련된 복장과 몸가짐으로 자신을 돋보이게 만들어 타인과 구분하고자 했다. 하지만 18세기 로코코 시대의 사치스러운 취향은 이미 한물간 유행이었다. 그보다 은근하게 차별성을 드러내기 위해 고급스러운 소재와 우아하게 재단된 선이 필요했다. 몸에 꼭 맞는 검정색 프록코트, 실크 모자, 손가락 끝까지 딱 맞게 완벽하게 재단된 검정색 장갑을 끼고 나타난 이들은 '멋쟁이'라는 뜻의 '댄디^{dandy}'로 불렸다. 이들이 추구하는 정신을 '댄디즘^{dandyism}'이라고 하는데, 이는 정신적 우월감을 표출하는 태도를 뜻하며, 한편으로는 문학에서 허세나 겉치레를 표현할 때 쓰이기도 한다.

사회학자들은 이렇게 물건을 소비하는 방식과 그 물건들이 유행하는 과정에서 계층 간의 차이를 발견했다. 소스타인 베블런은 사람들이 자신보다 한 단계 더 높은 계급으로 보이기 위해 바로 위의 계층을 모방하는 과시적 소비를 한다고 했다. 또한 닐 멕켄드릭은 부유층의 소비가 새로운 유행을 만들면 중간층이 이를 모방하고 또 그 아래의 계층이 모방을 거듭함으로써 소비의 모방이 위에서 아래로 흐른다고 말했다. 반면 부유층은 자신의 소비행위를 하위 계층이 따라오면 차별화를 위해 다시 새로운 것을 지향하고 더 큰 가치를 지불한다. 이렇게 차별화와 모방을 거듭하며 유행이 변화하고 사회의 관습을 이룬다.°

사회학자 게오르그 짐멜도 "유행은 계층적 차이의 산물이다."라고 했다. 명예라는 것이 자신의 명예를 지키는 동시에 자신이 속한 사회적 집단의 명예를 대변하고 유지함으로써 성립하듯이, 유행도 자신과 동등한 집단의 사람들과 더 가까이 결합하고 그보다 낮은 계층의 사람들과의 사이에 더 견고한 차별의

울타리를 만드는 방식이 된다.°

    그러니까 취향과 소비는 스스로도 모르는 사이에 무언가와 구분짓기 위해 만들어진다. 인터넷에서 흔히 하는 얘기로, 고등학생이 입기 시작하면 그 패션브랜드의 이미지는 이미 끝났다고들 한다. 혹은 일부 브랜드들은 인플루언서라고 해서 아무에게나 협찬하지 않는다는 얘기도 있다. 여기에 비추어 보건대, 소비는 단순한 구매행위가 아니라 확실한 이미지를 가진다.

    백화점이나 쇼핑몰, 아울렛도 그렇다. 특정한 백화점에만 입점하는 브랜드가 있고, 같은 브랜드지만 아울렛에만 들어가는 라인이 따로 있다. 한편으론 입점한 브랜드들의 차별성이 다시 몰의 등급을 만든다. 주요 명품 브랜드의 입점 여부에 따라 백화점의 품격이 달라진다. 더현대서울이 에르메스, 루이비통, 샤넬이 없는 채로 오픈했는데도 고급 백화점 이미지를 획득한 것이 그래서 이례적인 상황이라는 것이다.

    어떤 브랜드 제품을 구입한다는 것은 일차원적으로 해당 브랜드의 이미지도 소비하지만, 그것이 속한 공간의 이미지까지 소비하는 일이 된다. 3대 유명 백화점에만 입점한 브랜드에서 물건을 산다는 것은 그 백화점을 주로 드나드는 사람이라는 이미지를 형성한다. 우리는 물건을 구입하는 동시에 어떤 장소에 속한다. 이것은 나의 취향과 안목을 드러내며 나아가 사회 경제적 계급을 증명하는 일이 된다.

    다시 앤의 이야기로 돌아가자면, 앤이 부푼 소매 옷을 입고 싶었던 것은 그 옷이 자신에게 잘 어울린다는 이유가 아니었을 것이다. 앤은 친구들과 같은 옷을 입고 무리 속에 자연스레 어울리고 싶었던 거다. 패션 디자인으로 보면 그저 소매가 부푼 정도의 차이지만, 그것이 상징하는 바는 확연히 다르다.

그렇게 고급 옷감과 장식이 많이 들어가는 '여성스러운' 옷을 입는다는 것은, 부모님의 경제적 능력 아래 넉넉한 환경을 누리며 자라온 성장 배경, 그런 환경에서 자라온 당시의 여자아이들이 가지는 여성으로서의 태도 등이 차곡차곡 쌓여 형성된 계급적 가치를 상징한다. 앤이 살아온 삶에서는 가질 수 없었고 선망할 수밖에 없었던 것들이다.

우리의 오늘은 과거에 쌓은 시간의 결과물일 수밖에 없다. 물건을 선택하고 구입하는 행위, 그 행위를 하는 장소조차 무작위로 결정되는 것은 없다. 소비행위는 결국 살아온 과정이 쌓여서 이루어진 선택의 순간이다. 모든 삶이 같을 수 없기 때문에 좋아하는 것, 어울리는 것을 고르는 기준도 모두 다르다.

그러나 누군가 그것으로 나의 가치를 판단하거나, 나 스스로 그러한 판단 아래 위축되는 것은 다른 문제일 테다. 좋은 물건을 고르는 세련된 취향, 가격은 상관치 않고 구입할 수 있는 경제적 능력, 백화점이나 쇼핑몰을 자주 방문할 수 있는 생활의 동선 같은 것들은, 한 사람의 가치와는 확실히 다른 종류다. 경제적 논리로서, 물건과 그것을 구입한 장소가 가격과 품질의 차이를 만들 수는 있다. 하지만 그게 사람을, 그가 살아온 삶을 증

。　게오르그 짐멜, 『짐멜의 모더니티 읽기』, 새물결, 2006, pp.57-58

명한다는 건 서글픈 일이다. 어떤 삶이건 정량화된 시각으로 완전히 증명 가능한 적이 있었던가.

이야기 속에서, 앤은 결국 부푼 소매 옷을 갖게 되었다. 앤이 또래 집단과 달라 보인다는 사실을 포착하고 그 간극을 메꿔주려 했던 세심하고 다정한 매튜 아저씨의 희생이었다. 예상대로 앤은 무척 기뻐했다.

하지만 여기서 끝이 아니다. 우리가 아는 『빨간 머리 앤』은 몽고메리가 쓴 기나긴 이야기 중 일부분일 뿐이니까. 에이번리의 초록지붕 집에서부터 시작해 노년기까지 이어지는 앤의 서사에서 그가 추구했던 것은 부푼 소매 드레스의 삶이 아니었다. 앤이 어떤 모양의 드레스를 입었건, 우리가 앤에게서 기억하는 건 소매 따위가 아니라 한 여성의 총명함과 긍지, 용감하고 따뜻한 마음 같은 것들이다. 매튜와 마릴라가 아꼈던 것도, 길버트가 사랑했던 것도 바로 그런 앤의 모습이었다.

좀비들은 왜 쇼핑몰로 갔을까

"쇼핑몰에 관해 쓰려면 좀비를 빼놓을 수 없지."

뭐라고? 아니 갑자기 무슨 소리지? 나는 약 20년째 친구인 애가 좀비영화를 보는 줄도 몰랐다. 대체 이게 무슨 날벼락인지. 내 인생에 갑자기 등장한 절친의 새로운 취향과 좀비라는 존재 모두 적응할 시간이 필요했다. 좀비와 쇼핑몰이 연관 키워드라는 건, 좀비영화라고는 ‹웜 바디스›밖에 모르는 내겐 충격적인 사실이었다. 좀비영화 좀 본다 하는 다른 작가나 친구들에게 정말 그러하냐고 캐물었다. 확실한 정보가 있다면 모를까, 무턱대고 좀비영화를 탐구하기는 좀 꺼려졌다.

좀비영화 애호가들은 하나같이 ‹웜 바디스›는 좀비물이라기보단 달달한 로맨스에 가깝고, 니콜라스 홀트는 좀비라기엔 너무 잘생겼다고 했다. 마치 옆자리 평범한 남학생 역할로 차은우가 나오는 것과 마찬가지라는 거다. 그리고 좀비물만의 장르적 쾌감이 있다며, 왜 아직도 개척하지 않았냐고 재촉했다. 보지

64

않을 이유를 찾으려고 사방에 묻고 다녔던 나는 결국 설득당했
고, 며칠 간 새벽마다 좀비영화를 보고야 말았다.

그러고보니 좀비가 등장하는 영화나 드라마에서는 항상
쇼핑몰이나 대형 마트 씬이 나왔다. 연상호 감독은 〈반도〉에서
631부대의 아지트가 쇼핑몰인 이유가 "쇼핑몰은 좀비영화의 클
리셰이자 자본주의의 상징"이기 때문이라고 했다. 또한 쇼핑몰
은 여러 가지 자원이 있어서 재난 상황에서 자가발전이 가능한
공간이라는 것이다.

쇼핑몰이라는 클리셰의 시작은 좀비영화의 고전 오브 고
전, 〈시체들의 새벽〉이다. 좀비 무리에 쫓기던 사람들은 대형 쇼
핑몰로 피신한다. 그곳에는 각종 먹을거리와 생활용품이 있었
고, 전기를 이용할 수 있었다. 먼저 쇼핑몰을 점거한 소수의 인
원이 새로 온 이들을 배척하려고 폭력을 쓸 정도로 막대한 자원
이었다. 일행 중 두어 명은 빈 쇼핑몰을 금광이라고 부르며 그
아비규환 속에서도 물건들을 챙겨 한탕 할 생각을 한다. 심지어
욕심을 부리느라 좀비들이 있는 층까지 진입해 위기를 겪는다.
역시 재난 상황에서도 인간의 욕심은 멈추지 않는다.

어쨌든 등장인물들은 영화의 후반부에 쇼핑몰 내의 좀비
들을 처치하고 맛있는 음식과 고급 의류, 오락거리 등을 마음껏
즐긴다. 이들이 바깥의 위기를 잠시 잊고 쇼핑몰에 있는 물건들
로 호사를 누리며 과거의 평화를 잠시나마 되찾는 장면은 마치
시간이 멈춘 낙원처럼 보였다.

〈시체들의 새벽〉의 계보를 이어 탄생한 영화 〈새벽의 저

주〉에서도 마지막 피난처로 쇼핑몰이 등장한다. 그리고 이 영화 속 좀비들 역시 쇼핑몰로 몰려든다. 전투가 벌어진다. 어디서든 비슷한 플롯이다. 사람들이 쇼핑몰로 피난하는 건 그렇다쳐도, 좀비들은 대체 왜 쇼핑몰로 향하는 걸까.

〈시체들의 새벽〉 중반부 즈음, 카메라는 아무도 없는 쇼핑 몰에서 무력한 모습으로 이리저리 헤매는 좀비들의 모습을 비춘다. 이를 보고 주인공들이 나누는 대화가 의미심장하다.

"저것들은 왜 여기서 헤매는 거지?"
"본능 때문이겠지. 기억 같은 거 말야. 평소에
해왔던 것들에 대한... 여긴 죽기 전에 꽤 중요한
장소였잖아?"

"아직도 있어!"
"뒤를 쫓는 거지. 우리가 여기 있으니까."
"그냥 안에 들어오고 싶은 겁니다. 저들도 이유를
몰라요. 그저 기억할 뿐이죠. 예전에 여기 들어오고
싶었다는 걸 말이에요."

〈새벽의 저주〉에서도 극중 인물 케네스가 비슷한 말을 한다. "기억이나 본능 때문이겠지, 혹은 우리가 목표이거나." 좀비들은 자유의지 없이 인간일 때의 행동을 답습한다. 쇼핑몰을 찾았던 기억을 좇아 본능적으로 다시 찾아온다는 것은, 분명 그것이 즐거웠던 기억, 쾌락을 상징하는 행위이기 때문일 테다. 자유의지가 없어진 좀비들이 쇼핑몰로 직진해 어슬렁거리는 장면은, 원작인 〈시체들의 새벽〉에서부터 이어진 자본주의 사회가 부추기는 맹목적 소비문화에 대한 비판을 은유한다.

한편으론 우리가 맛집을 찾아가듯, 좀비도 쇼핑몰에 원하는 것, 먹을 것, 즉 인간을 찾으러 간다. 그러니까 인간은 좀비가 창궐한 재난 상황에서 식량과 생필품을 확보하기 위해 쇼핑몰이나 대형 마트를 찾아가고, 좀비들 역시 식량(인간)을 찾아 뒤따르는 것이다. 인간이든 좀비든 모두 자신의 본능대로 움직인다.

영국 드라마 〈서바이버〉는 좀비물은 아니지만, 바이러스로 인해 사람들이 거의 다 죽어버린 상황 속에서 남은 사람들이 살아남는 이야기를 다룬다. 여기서도 슈퍼나 물류창고를 선점하고 권력을 휘두르는 사람들이 그려진다. 평범한 상황에서는 별것도 아닌 슈퍼마켓의 물건을 가지고 총격전이나 협박이 벌어진다.

한편 미국 드라마 〈데이브레이크〉 시즌1의 에피소드2 '쇼핑몰엔 누가 살지?'에서도 비슷한 이야기가 펼쳐진다. 우리가 알던 세상이 종말하며 18세 이상의 성인은 다 죽고 그나마 남은 어른들은 '굴리'가 되었다. '굴리'는 좀비와 비슷한 존재인데, 살아있을 때 마지막으로 했던 생각을 반복해서 말하고, 사람을 만나면 뜯어먹는다. 주인공 조시는 쇼핑몰에 좋지 않은 기억이 있어서 그곳으로 피신하고 싶지 않지만, 굴리는 물론 아이들을 잡아다 후무스를 만든다는 악당 배런 트라이엄프를 피하기 위해 어쩔 수 없이 쇼핑몰로 진입한다. 배런 트라이엄프는 알고 보니 악명과는 달리 일라이라는 너드 학생이었지만, 어쨌든 그는 쇼핑몰의 좋은 구역을 선점해 있었고, 앞선 다른 이야기들처럼 그건 권력이 되었다.

　일련의 이야기들에 따르면, 아무래도 쇼핑몰은 인간에게 상당히 중요한 장소다. 재난 상황에서 쇼핑몰을 차지한다는 것은 인간에게 가장 필요한 물건들의 공급줄을 쥐고 있다는 것, 즉 사람들의 생사를 쥐고 흔들 수 있다는 뜻이다. 그러니 이곳이 인간과 인간, 또는 인간과 좀비의 최전선이 되는 것은 어쩌면 당연한 일이다.

　가상의 이야기들이지만, 이는 현실에서 기득권을 가지고 다투는 인간들의 모습을 그대로 닮았다. 쇼핑몰 안에서 엎치락뒤치락하는 인간들 사이의 지배와 피지배 관계, 또는 쇼핑몰 안의 인간과 쇼핑몰 밖 좀비와의 다툼은 일종의 계급 간의 다툼으로 읽히기도 한다. 좀비, 그러니까 원래 인간이었지만 지금은 인간이 아닌 그들은, 대체로 인간 사회의 어떤 비뚤어진 면을 우회적으로 상징한다. 〈시체들의 새벽〉에서 슬쩍 보였던 한 토막의 대화처럼.

　　"저들은 어떤 존재일까요?"
　　"우리랑 같아요. 지옥에 더 이상 방이 없나 봅니다."

우리는 다행히 좀비가 아니라 아직 자유의지가 있다. 어쩌면 자유의지가 있다고 생각하는 것일지도 모르지만. 위기 상황에 처해 본능만 남았을 때, 우리의 발걸음이 향하는 곳은 어디일까. 이쯤에서 앞서 언급했던, 몰이 도시의 기간 시설로 기능한다는 이야기를 다시 떠올려본다. 재난 상황에서 우리의 안전을 위한 시스템이 망가졌을 때, 그래서 우리의 안전이 보장되지 않고 생존에 필요한 것들이 공급되지 않을 때 우리가 가야 할 곳이 쇼핑몰과 마트, 그러니까 상업과 자본이 지배하는 곳이라고 생각하면 슬며시 불안해진다. 가상의 좀비보다 그게 더 오싹한 이야기다.

평생 처음으로 좀비영화를 연달아 보면서 많은 생각을 했다. 그 와중에 좀비영화에도 여러 가지 견해가 있다는 이야기를 듣게 되었다. 예를 들면, 〈시체들의 새벽〉에 나오는 좀비들은 느릿느릿하게 움직이는데, 〈새벽의 저주〉에 이르러서는 사방으로 뛰어다니는 좀비들이 나타난다. 원작자 로메르 감독은 시체가 뛰어다니는 게 말이 되냐고 했다지만, 최근의 감독들은 보다 스펙터클한 액션을 연출하기 위해서 그들이 뛰어다니도록 할 수밖에 없었다나. 걷는 좀비와 뛰는 좀비의 분류라니, 아니 그에 앞서 좀비에 분류 따위가 있다니 이건 무슨 신세계인가. 사실 아직도 적응은 안 된다. 게다가 내가 좀비를 소재로 글을 썼다는 것조차 아직 당황스러운 일이다.

며칠 밤 동안 좀비영화를 봤지만, 아직도 좀비와 나는 비즈니스 관계일 뿐 대단히 가까워지진 못했다. 내게 좀비는 〈웜 바디

스〉의 니콜라스 홀트 한 명이면 충분하다. 아마도 이번 생에 할
당된 좀비영화는 거의 다 본 것 같으니 당분간 얼굴을 하얗게 칠
한 배우들이 사람을 물어뜯는 종류의 영화는 멀리하기로 했다.

고객이 모르게,
그리고 아주 자연스럽게

쇼핑에 관한 이야기를 깊이 하다 보면 괜히 레베카의 편을 들고 싶다. 영화 ⟨쇼퍼홀릭⟩의 그 레베카 말이다. 쇼핑중독 때문에 일상과 커리어를 모조리 무너뜨릴 뻔한 그 여자. 우리 모두 그렇게 알고 있지만, 과연 레베카가 스스로를 낭떠러지로 몰고 간 게 단지 절제력이 없기 때문이었을까? 우리는 자유의지로 삶의 모든 것을 결정한다고 생각하지만, 사실 우리의 선택 중 일부는 스스로 결정한 것이 아닐 때도 있다. 아니 그럼 누가 결정해주는 걸까?

조지 리처의 책 『맥도날드 그리고 맥도날드화』에서는 맥도날드로 대표되는 패스트푸드 체인의 시스템을 예로 들며 우리가 효율성과 합리성이라는 이름으로 체계화시킨 것들이 교육, 의료, 노동 현장에서 어떻게 불합리를 불러오고 인간을 소외시키는지 설명한다. 고등학교 때 언어영역 지문을 읽다가 궁금해져서 그날 집에 가는 길에 당장 샀던 이 책은, 내 가치관의 전

환점이었다. 열여덟 살의 나는 그동안 알던 세상을 완전히 다르게 보기 시작했다.

마침 당시 내가 다니던 학원 바로 아래층에 맥도날드가 있었다. 이 책에 따르면, 내가 수시로 드나드는 그 맥도날드는 평범한 식당이 아니었다. 맥도날드 문을 열고 들어서는 순간 우리도 모르게 그들이 유도한 구매활동, 예를 들면 사이즈업이나 사이드메뉴 추가 주문을 하고, 조금 불편한 의자에 앉아 반복해서 흘러나오는 음악의 빠른 비트에 맞춰 식사를 하고 재빨리 자리를 비워준다. 심지어 쟁반을 옮긴다거나 테이블을 치우는 노동까지 제공한다.

이는 인건비를 줄이고 회전율을 높여 저렴한 가격에 음식을 제공하면서도 최대한의 수익을 내려는 효율적인 시스템인데, 우리로서는 영문도 모른 채 컨베이어 벨트 위에 앉아 그 시스템을 통과하게 된다. 너무 자연스럽기 때문에 무언가 이상하다고 생각지도 않으며, 심지어 스스로 원해서 행동하는 거라고 여긴다. 이러한 시스템이 일상적으로 자리잡는 현상은 맥도날드로 대표되는 상업 시스템이 정한 규칙이 보편화되며 우리 삶의 한 부분이 '맥도날드화'되는 것이다. 어쩌면 자본주의 사회에서 사기업으로서 이익을 추구하는 게 당연하지만, 나는 이 치밀하게 설계된 상업 공간에 괜한 배신감을 느꼈고 이후 맥도날드에서 아이스크림콘을 사먹는 일이 약 30퍼센트 정도는 덜 즐거워졌다.

조지 리처는 이러한 체인점 시스템과 체인점이 입점한 쇼핑몰은 모두 예측 가능한 방법으로 수익을 추구하면서 서로 공생하는 관계라고 했다. 그리고 맥도날드와 비슷하게 우리를 효율성과 합리성의 덫에 사로잡히게 만드는 곳 역시 쇼핑몰이라고 했다. 이들 역시 적나라하게 드러내지 않지만 사실 매우 치밀하게 설계된 공간이다. 그곳에 들어선 우리는 커다란 판 위에서 움직이는 체스말 같은 존재다. 고객이 왕이라곤 하지만, 실제로 그 게임판 위에서 우리의 말이 킹이나 퀸은 아닐 테다.

쇼핑몰과 백화점, 대형 마트 등은 우선 유동인구가 많은 지리적 위치를 선점하고, 고객이 방문하기 쉽도록 넓은 주차공간을 마련한다. 그리고 고객들이 이 공간을 보다 편안하게 느끼며 더 많은 시간을 보내도록 하기 위한 무료 주차시간, 공간 특성에 맞는 음악과 향기, 계절에 따른 실내 인테리어, 안락한 휴식 공간을 제공한다. 그리고 그 휴식 공간의 위치와 넓이, 고객들이 몰 내부를 이동하는 동선 등 어느 하나 생각없이 그냥 만들어진 것이 없다. 그래, 정신차리고 생각해보면 몰을 짓고 운영하는 기업들이 그렇게 큰 돈을 아무 생각없이 쓸 리가 없다.

'미국 최초의 몰'로 1956년 건설된 사우스데일 쇼핑센터는 고객을 끌어들이기 위한 쇼핑몰의 기본 원칙들을 만들어냈다. 예를 들면, 고객은 자동차로 몰에 도착해 쾌적하게 주차를 하고 실내에서 편안히 걸어다닐 수 있어야 하기 때문에 몰은 넉넉한 주차공간을 꼭 갖추어야 한다. 그리고 실내가 너무 넓으면 금방 피로를 느끼기 때문에 사람들이 평균적으로 도심에서 걷는 거리가 약 세 블록이라는 자료를 토대로 몰의 평균 길이를 1,000피트(약 300미터) 정도로 설계했다. 또한 내부를 걸으며 입점한 모든 점포를 둘러볼 수 있도록 엘리베이터나 에스컬레이터는 꼭 몰의 양쪽 끝에 설치하도록 했다. 이러한 원칙은 지금까지도 전 세계의 몰에서 비슷하게 적용되고 있다.°

온갖 예측 가능한 방법을 이용해 아주 효율적으로 굴러가도록 만든 공간이지만 그 효율은 고객의 편의나 행복을 슬며시 거쳐 최종적으로는 운영하는 측의 이익으로 향한다. 물론 그 이익은 고객의 주머니에서 나온다. 우리는 주차장에 도착한 순간부터 물 흐르듯 자연스레 몰의 내부로 향하며 수많은 가게를 빠짐없이 지나치고 여러 브랜드나 매장의 마케팅에 노출된다. 몰의 효율이 우리의 편의와 행복을 통과하는 사이에 지갑은 열리고 만다.

한편 우리는 대형 마트를 이용하게 되면서 더 많은 물건을 사들이고 또 쌓아두게 되었다. 한꺼번에 많이 사면 단위당 가격이 싸다고 유혹하지만, 사실 그렇게 많이 쌓아둔 물건은 오히려 알뜰하게 소비하기 어렵다. 그렇지만 2개를 구입할 때 1개보다 20~30퍼센트 이상 저렴하다면 당장 눈앞에 보이는 가격 차를 외면하기 어렵다. 어차피 쓸 물건이고 잠시 보관만 하면 된다는 핑계를 스스로에게 대며 결국 계획보다 많은 물건을 집으로 가져온다.

그래서 우리나라보다 상대적으로 공간이 여유로운 미국 주택에는 식료품과 생활용품 등을 저장해두는 팬트리pantry라는 창고가 있다. 재미있는 점은 미국 대형 마트의 대표주자인 코스트코에서 마당에 설치할 수 있는 창고도 판다는 사실이다. 수 많은 물건을 팔고, 그 물건을 집에 보관하기 위한 창고까지 판다 니, 심지어 그걸 사는 사람들이 있다니. 한 편의 블랙 코미디 같 지만 현실이다. 최근에는 우리나라의 아파트들도 이 팬트리를 기본 공간 구성에 넣기 시작했다. 그리고 냉장고를 2-3대씩 보 유한 가정도 흔히 보인다. 냉장고와 팬트리 문을 열면 대형 마트 의 작은 지점이 보인다.

언젠가 그런 사실을 깨닫고부터 나는 무언가를, 특히 유통 기한이 있는 식품을 장바구니에 넣을 때 한 번 더 생각한다. 이 식품을 잔뜩 사서 우리집에 보관하며 유통기한이 줄어드는 걸 망연자실하게 지켜보는 것보다 마트 진열대에 그대로 보관하는 게 낫지 않은가 하고 말이다. 후자의 경우 아직 결제할 필요가 없으므로 자금유동성을 확보할 수 있고, 유통기한이 지나면 알 아서 물건을 교체해주니 재고 부담이 제로다. 심지어 보관료도 받지 않는다. 이 사실을 깨닫고 나자 마트의 지점을 자처하던 우 리집 냉장고에서 쓸모를 다하지 못하고 수명이 다해 버려진 것 들이 떠올라 허탈했다.

어쨌든 각종 마케팅 서적 등에서도 알 수 있듯이 이 세련 된 판매 전략들의 핵심은 '고객이 모르게, 그리고 아주 자연스럽 게'다. 회유에 의한 게 아니라 단지 스스로 사고 싶어서, 혹은 꼭 필요해서 샀다고 생각하게 만드는 것이다. 마치 카지노에서 고

◦ 설혜심, 『소비의 역사』, 휴머니스트, 2020, pp.351-352

객들을 게임에 빠뜨려 쉽게 지갑을 열도록 만드는 방법과도 비슷하다. 하지만 전문가가 아닌 이상 모든 것을 알기는 어렵고, 우리는 그저 누군가가 설계한대로 몰 안의 동선을 따라 움직일 뿐이다. 맥도날드의 문을 열고 스스로 컨베이어 벨트 위에 올라타는 것처럼 말이다.

물론 이 효율성의 기계는 '효율'과 '합리'라는 단어에서 느껴지는 인상처럼 냉정해 보이지 않는다. 기계가 움직이는 내내 그 부산물들, 즉 여러 가지 이벤트나 감각적인 즐거움들이 떨어지고, 우리는 잠시나마 그곳이 존재하는 목적이 우리의 편의와 행복이라고 착각한다. 하지만 몰은 복지시설이 아니고 본 목적도 우리 삶의 고양이 아니다. 그곳에서 일어나는 사건의 대부분도 우리의 통제 밖에 있다.

공간은 그곳을 머물고 거치는 사람들의 삶에 생각보다 많은 영향을 미친다. EBS 다큐프라임 〈아파트 중독〉에서는 우리나라 사람들의 생활 패턴이 비슷한 원인을 아파트에서 찾았다. 집의 구조가 천편일률적으로 똑같으니 그 공간에 욱여넣은 생활의 방식도 비슷할 수밖에 없다. 아파트는 가장 효율적이고 보편적인 구조지만, 사는 사람에게 선택의 여지가 없다는 큰 단점을 갖고 있다. 이 다큐에서는 공간의 구성과 가구의 배치를 바꾸는 실험으로 한 가족의 생활이 크게 바뀌는 결과를 보여준다. 그리고 보면 한때 유행했던 집을 고쳐주는 프로그램들도 공간의 구조를 변경하는 방법으로 거주자의 일상을 바꿔주곤 했다.

사회도 마찬가지다. 법, 관습, 규칙 등 사회를 구성하는 틀

이 마련되면 사람들은 그것에 자신의 행동양식을 맞추게 되고, 시간이 지나면 당연하게 행동하고 생각하며 살아간다. 소비와 여가의 방식도 다르지 않다. 커다란 몰이 일상의 한 부분에 자리잡으면서 우리는 스스로 눈치채지 못하는 사이에 그들이 권하는 방식으로 여가를 즐기고 소비하면서 일상의 구조를 변화시켜왔다.

이쯤에서 다시 레베카, 억울한 레베카를 생각해본다. '쇼핑중독'이라는 단어 아래에서 레베카는 자유의지로 쇼핑한 무절제의 아이콘이었지만, 어쩌면 그도 계속해서 물건을 구매하게 유도하는 몰의 마케팅과 돈이 없어도 쓰게 만드는 카드회사의 전략에 의해 '쇼핑 당한' 피해자일지도 모른다. 절대적으로 그렇다기보다는 그저 우리가 모르는 게임의 규칙이 생각보다 많다는 사실쯤은 알고 있는 게 좋지 않을까.

그런데 사족이지만, 현실에서는 레베카의 이야기가 성립될 수가 없다. 아니 그렇게 망하고도 운 좋게 새로운 직업과 사랑까지 얻어내다니. 카드빚으로 인한 파산 신청과 개인회생의 길은 생각보다 거칠고 험난하다. 그리고 현실에서 그 정도로 괜찮은 남자는 카드빚으로 파산한 상대를 만나지 않는다. 편파적으로 레베카의 편만 들어주기에는 그의 결말이 좀 비현실적이지만 그래 뭐, 로맨틱 코미디니까.

이름이 지워진 사람들

우리가 평소에 볼 수 없는 오픈 전의 쇼핑몰이나 백화점 풍경에 관해 뭔가 쓰고 싶었다. 하지만 아무래도 본 적 없는 모습이라 이미지가 선명하지 못하고 흐렸다. 굳이 되짚어보니, 아주 오래전 명동 롯데 백화점에 오픈 전 도착한 날이 기억났다. 만나기로 한 친구들이 하나같이 영업시간을 30분쯤 착각했기 때문이었다. 문 열기도 전에 많은 사람들이 줄을 서 있었고 백화점 문을 열자마자 안으로 밀려 들어갔다. 요즘 말하는 '오픈런' 느낌이었는데, 그들이 뭘 사기 위해 그렇게 몰려 들었는지는 아직도 모른다. 그 외에 아주 가끔 영화관이 입점한 복합쇼핑몰에서 영업시간 전후의 매장들을 본 적이 있었지만 정말 지나치듯 봤을 뿐이었다. 몰이 영업시간 중에만 내부를 공개하는 건 당연한 일이니까.

그런데 이 책을 쓰는 중에 운 좋게도 영업시간 전의 더현대 서울에 들어가 볼 수 있었다. 직원들이 출입하는 통로로 백화점 안에 들어갔고, 아직 불이 켜지지 않은 매장들과 금방 출근한 직원들, 곳곳을 청소하는 사람들과 청소 카트가 보였다. 더현대서울의 시그니처인 중앙의 정원에서는 마치 진짜 정원처럼 몇 명의 정원사가 잡초를 뽑고 물을 주고 있었다. 지상층을 모두 둘러보고 지하 2층의 식품매장으로 내려갔을 즈음 대부분의 매장은 오픈 준비를 마친 상태였고, 직원들은 담당 매장 앞에 서 있었다.

그런데 갑자기 안내 방송과 음악이 흘러 나왔다. 요약하자면 오늘 하루도 파이팅하자는 뜻에서 음악에 맞추어 다같이 율동을 하자는 내용이었다. 적당히 따라하는 직원들이 대부분이었지만, 지하 2층 한가운데 자리한 슈퍼마켓만은 달랐다. 줄무늬 앞치마를 걸친 슈퍼마켓 직원들은 매장 앞에 나란히 줄지어서서는 그 누구보다 열정적으로 율동과 구호를 따라했다. 동시에 백화점 안으로 서서히 고객들이 진입하고 있었다.

아주 활기차면서도 기묘한 장면이었다. 최첨단의 몰에서 느껴지는 이 전체주의적 노동현장의 감각이라니. 다른 매장과 슈퍼마켓 직원들 간의 온도차는 생각건대 임대 매장과 직영 매장의 차이가 아닐까 싶었다. 더현대서울에 직접 고용된 직원이라면 아무래도 율동과 구호에 열성을 보일 수밖에 없지 않았을까. 어쨌든 이 모든 것은 오픈 전의 몰에 들어가 볼 수 없었다면 영영 보지 못했을 장면들이다.

사실 고객에게는 콘텐츠나 상품이 먼저이기 때문에 일하는 사람들이 잘 보이지 않는다. 게다가 몰에서 우리가 직접 마주치는 것은 각 매장의 점원이나 안내데스크의 직원 정도다. 수시로 몰 내부를 청소하는 직원들이 있지만, 그들은 되도록 눈

에 띄지 않게 일한다. 또 영업시간이 끝난 몰에서 일하는 이들
도 있다. 야간의 몰에서는 다음 날을 준비하기 위해 밤새 물건
을 채우고 디스플레이하는 분주한 풍경이 이뤄진다. 한 브랜드
의 비주얼 머천다이저^{VMD}인 친구는 모형을 만드는 하청업체가
납기일을 맞추지 못해 늦은 밤 매장으로 달려가 아침이 되기 전
까지 바위를 창조하는 신공을 발휘했다. 이처럼 우리에게 보이
는 영업시간 외에도 몰은 24시간 내내 성실히, 때때로 매우 긴
박하게 돌아간다.

우리는 이들이 얼마나 일하고 언제 휴식 시간을 가지는지,
휴게실이나 수유실처럼 고객에게 필수적으로 제공되는 공간이
직원을 위해서도 마련되는지 알지 못한다. 그들은 되도록 고객
의 눈에 띄지 않게 일하는 것이 목표다. 심지어 직원은 고객과
같은 화장실을 이용할 수 없는 경우도 많다. 우리가 그들을 만
날 수 없는 이유는, 그들의 모습이 너무나도 현실을 담고 있기
때문이다. 적나라한 노동의 흔적은 편하게 노는 사람에게 현실
을 상기시키며 불편하게 만든다. 그래서 몰은 노동을 삭제하는
편을 택했다.

앞서 언급한, 파리의 근대화가 이루어진 벨에포크 시대는
분명 아름다웠지만 그곳에도 노동자의 그늘이 있었다. 낮에는
깨끗하고 아름다운 거리를 유지하며, 밤에는 가로등을 켜는 사
람들, 석탄을 옮기고 증기기관차를 달리게 하는 사람들. 카유보
트의 그림 〈파리의 거리, 비오는 날〉에는 댄디하게 옷을 차려입
은 부르주아들이 돋보였지만, 그의 시선은 말끔한 부자들에게만

머물지 않았다. 역시 카유보트가 그린 〈마루를 대패질하는 인부
들〉이나 〈페인트칠하는 사람들〉은 앞선 그림과 같은 파리 거리를
그리고 있지만 아름답게 차려입은 사람들이 아니라 아름다운 도
시 파리를 지탱하는 노동자들의 모습을 그리고 있다.

덧붙이자면 파리의 좁은 골목을 정비하며 만든 오스망대
로는 원래 시위 진압을 목적으로 설계했다고 한다. 프랑스 혁명
당시 파리의 좁은 골목으로 시위대가 숨어들면 찾아내기 어려웠
기 때문에 도로를 넓혀 시위대가 숨을 공간을 없애 버린 것이다.
보기 좋은 새 것 뒤에는 항상 밀려나는 것들의 그림자가 있다.

근대를 배경으로 한 영화 속에서도 백화점의 점원은 상대
적으로 고용주나 고객에 비해 약자로 등장한다. 영화 〈우리의
20세기〉의 엘르 패닝은 고객들에게 향수를 시향 시켜주는 일을
하고 있었고, 〈브루클린〉에서 꿈을 찾아 뉴욕으로 건너온 시얼샤
로넌 역시 백화점 점원으로 일하는 젊은 여성이었다. 영화 속 그
들은 개인의 삶에서 능동적이고 주체적인 여성이지만, 노동 현
장에서는 수동적이고 연약한 존재로 그려진다.

19세기에 백화점이라는 것이 처음 생겼을 때부터 지금까
지, 백화점, 쇼핑몰 등에서 일하는 직원은 대체로 젊은 여성이었
다. 생각해보자, '백화점 직원'이라고 했을 때, 자신이 어떤 이미
지를 먼저 떠올리는지. 최근엔 남성 직원도 많이 생겼지만, 성별
을 불문한 공통점은 매력적이고 깔끔한, 그리고 어디 하나 모나
지 않은 균일한 외양을 가졌다는 점이다. 백화점과 대형 쇼핑몰
에서 일정 수준 이상의 균일한 품질의 물건을 구입하기를 원하

듯. 제공되는 서비스와 직원들 역시 고객에게 불쾌를 주지 않는 수준을 넘어 되도록 호감을 줄 수 있을 만큼 균일한 모습을 갖춘다. 직원도 몰을 아름답게 구성하는 하나의 요소다.

책 『마트가 우리에게서 빼앗은 것들』에서는 고객을 가장 직접적으로 접촉하며 각종 컴플레인 및 마찰에 수없이 노출되는 캐셔의 업무가 허드렛일처럼 여겨지는 점을 지적한다. 감정노동이 가장 심한 곳인데도 임금과 복지. 고용의 안정성은 한없이 낮은 자리이기 때문이다. 하지만 계산대를 구성하는 하나의 부품처럼 자연스레 포장된 그들의 모습에서 노동의 현실은 철저히 감춰진다. 몰의 목적은 고객을 최대한 편안하게 만들어 그들이 느슨한 마음으로 소비하게 만드는 것이기 때문이다. 하지만 그곳에도 노동은 분명 존재한다. 균일화된 유닛 같은 직원들에게도 각자의 이름이 있다. 이 책 속 챕터의 이름은 '캐셔에게는 이름이 없다'이다.°

누군가의 파라다이스에서 또다른 누군가는 이름이 지워진 채 노동을 한다. 이름이 지워지고 존재가 삭제된 것들은 슬며시 권리를 빼앗긴다. 백화점 매장이나 마트 계산대에서 일하는 직원에게 의자가 지급되지 않는다는 이야기를 단순히 글자로 읽으면 특별한 느낌 없이 받아들일 수도 있다. 판매 직원이 고객을 서서 응대하는 건 우리가 늘 보아온 풍경이니까. 하지만 내 친구나 가족. 이름을 부를 수 있는 누군가가 잠시 앉을 수 있는 의자

°   신승철. 『마트가 우리에게서 빼앗은 것들』. 위즈덤하우스. 2016. pp.105-107

도 없이 8시간을 서 있어야 한다면, 매대 뒤에 잠시 쪼그려 앉았다는 이유로 문책당한다면 어떤 생각이 들까. 이름을 부르고 얼굴을 마주할 때, 타인의 삶은 더 선명해진다. 그리고 그럴 때 우리가 사는 세계도 더욱 또렷해진다.

　　자칫하면 중요한 것들을 놓치게 만드는 이 사회 속에서, 우리는 삶을 납작하게 만들지 않기 위해서 우리의 주변을 구성하는 것들을 알아두고 또 기억해야 한다. '메멘토 모리(Memento Mori)'라는 말은 '죽음을 기억하라'는 뜻이지만 반대로 그렇기 때문에 더 잘 살아내야 한다는 뜻이다. 그래서 '메멘토 모리'는 '현재를 붙잡으라'는 뜻의 '카르페 디엠(Carpe Diem)'과 대구를 이룬다. 살기 위해서 죽음을 기억하듯이, 우리는 반대편에 있는 것을 언제나 염두에 두어야 한다. 지금 내가 누리는 사치와 평온과 쾌락° 아래에는 언제나 누군가의 땀과 고군분투가 있다. 그리고 세상에 영원한 것은 없어서, 내일의 내가 위와 아래 중 어디에 있을지는 알 수 없는 일이다.

○　　장 자크 상페의 책 『사치와 평온과 쾌락』(열린책들, 2018)의 제목을 인용했다.

나는 다른 결말이 보고 싶어

지금까지 한 번도 본 적이 없던 광경 앞에서 감탄을
금치 못하면서 그 자리에서 얼어붙고 말았다.
쇼윈도의 안쪽으로는 적갈색을 띤 백색의 브루게
레이스로 된 값비싼 스카프가 제단 보처럼 커다랗게
양 날개를 활짝 펼친 채 진열돼 있었다. 알랑송
레이스로 만든 스커트 밑단용 장식들은 화환처럼
그 주위에 흩뿌려져 있었다. 말린과 발랑시엔.
베네치아산 레이스와 브뤼셀의 아플리케 장식들이
눈이 내리듯 한 아름 가득 흘러내리면서 쇼윈도를
풍성하게 채우고 있었다. 쇼윈도의 양옆으로는 짙은
빛깔의 나사가 기둥처럼 높이 쌓여 있어 예배당의
신성한 감실을 더 멀어져보이게 했다. 그리고 바로
그곳. 여인들의 우아함을 숭배하기 위해 세워진
예배당 한가운데서 여성용 기성복들이 저마다의

맵시를 경쟁적으로 뽐내고 있었다.°

에밀 졸라의 소설 『여인들의 행복 백화점』에서는 주인공 드니즈가 파리에 도착해 처음 만난 백화점 쇼윈도의 모습을 마치 예배당처럼 묘사한다. 이 소설에서는 벌써 제목에서부터 드러나듯이 백화점을 모든 여성들이 동경하는 환상적인 장소로 그린다. 오랫동안 읽혀온 이 고전은 영국 BBC에서 드라마 〈더 파라다이스〉로 제작되어 시즌2까지 방영되기도 했다. 소설에서는 드니즈와 무레, 드라마에서는 데니스와 모레이라고 표기했는데, 1883년의 소설을 각색한 2012년의 드라마에서 보이는 차이점이나 변화를 비교하면서 보는 재미가 있었다.

그런데 19세기에 발간된 이 소설뿐 아니라 현대의 콘텐츠 속에서도 아름다운 물건, 사치스러운 것들을 동경하는 것은 대부분 여성으로, 그리고 백화점이나 쇼핑몰은 그런 여성들의 공간으로 그려진다. 그때나 지금이나 여성들은 왜 백화점으로 가야 했을까.

19세기의 여성들, 특히 교육을 받은 중산층 이상의 여성들은 가정을 벗어나 사회로 진출하고 싶은 욕망을 키웠지만, 그들이 누릴 수 있는 곳은 한정되어 있었다. 때마침 등장한 백화점은 기존의 상점 아케이드와는 완전히 달랐다. 엘리베이터나 조명 같은 첨단 시설은 물론 휴게실과 갤러리 등을 갖추었으며, 영업시간 후에도 무도회나 음악 강좌 등을 열며 일종의 살롱을 지향

했다. 그들에게 있어 백화점이란, 아름다운 물건을 구매할 수 있는 상점을 넘어 네트워크를 맺고 문화생활까지 할 수 있는 사회활동의 장이었다.

그리고 앞서 얘기했던 유행의 구조를 따라, 상류층 여성들이 구입한 물건은 중간 계층 여성들의 모방 소비를 거쳐 금세 파리의 유행이 되었다. 백화점은 그런 여성들의 욕망을 공략했다. 『여인들의 행복 백화점』에서 사장 무레는 손해를 보더라도 고급 실크 제품을 '미끼 상품'으로 내놓을 전략을 구상한다.

> "제품 하나당 고작 몇 상팀 정도 손해를 보겠지,
> 그래. 그런데, 그 다음을 생각해봤나? 그로 인해
> 수많은 여자들이 몰려와서는, 산더미처럼 쌓여 있는
> 우리 제품 앞에서 넋을 잃고 정신없이 지갑을 열게
> 된다면, 그건 반대로 우리한테 축복이 되는 거라고.
> 결코 손해 보는 장사가 아니란 말일세. 중요한 건,
> 친구, 여인들의 욕망에 불을 지펴야 하는 거라고."[ㅇ]

한편 그들은 여성 고객을 대상으로 많은 수익을 올리면서도, 그런 여성들을 경박하다고 여기기도 한다. 무레의 친구이자 오른팔인 부르동클은 여자들이 지긋지긋하다며, "하찮은 천 쪼

ㅇ   에밀 졸라, 『여인들의 행복 백화점 1』, 시공사, 2018, p.13
ㅇ   에밀 졸라, 『여인들의 행복 백화점 1』, 시공사, 2018, p.71

가리들에 돈을 물 쓰듯 써대는 여자들의 경박함을 비웃었다."°
소설에서는 이런 장면들을 통해 당시 백화점을 드나드는 여성
들을 곱지 못한 시선으로 보는 이들도 있었음을 드러낸다. 그리
고 그 시선은 지금도 사라지지 않았다. 여전히 대낮에 '일하지
않고' 백화점에서 '한가한 시간'을 보내는 여성들을 향한 따가운
시선이 남아 있다.

하지만 여성이 소비의 주체가 되어 몰에 자주 등장하는 이
유는 여성이 유독 소비적이어서가 아니다. 가사를 담당하는 이
들이 한 가정의 구매를 담당하는 역할을 맡는 경우가 많기 때
문이며, 또한 아이들을 데리고 갈만한 공공장소가 부족하기 때
문이기도 하다. 그러니까 이는 여성의 사회적 진출이 남성보
다 적고, 가사와 육아를 여성이 전담하는 현실을 의미한다. 결
국 '여인들의' 백화점이라는 이름에는 불평등의 그림자가 드리
워져 있다.

이곳은 여성이 '한가롭고 무절제하게' 시간을 보내는 공간
으로 여겨지는 동시에, 여성의 노동으로 채워지는 공간이기도
하다. 드라마나 소설뿐 아니라 실제로도 백화점이나 쇼핑몰에
서 고객을 응대하는 직원은 대부분 여성이다. 사회 전반의 서비
스직에 여성 비율이 높은 것은 여성이 더 친절하고 부드럽게 고
객을 응대할 것이라는 편견이 반영된 결과이기도 하다. 책『마
트가 우리에게서 빼앗은 것들』에서도 감정노동의 최전선인 캐
셔는 대부분 여성 노동자의 자리라는 점을 지적한다.° 이곳뿐
일까. 이 사회에서 적은 급여, 취약한 지위, 그럼에도 친절해야

만 하는 감정노동의 강도가 높은 직업은 대체로 여성의 것이다.

하지만 그곳을 벗어나 높은 곳으로 오르려고 할 때에는 보이지 않는, 심지어 때로는 보이는 제재가 이뤄진다. 드라마 ⟨더 파라다이스⟩ 시즌1의 세 번째 에피소드에서, 여성복 매장 담당자인 오드리는 사사건건 기발한 아이디어를 내고 무언가 불합리한 것을 바꾸려 드는 데니스에게 '생각 금지령'을 내린다. 일개 직원 하나가 여성복 매장은 물론 백화점 전체를 뒤흔드는 아이디어를 내며 자꾸 무리에서 튀는 것이 불편했기 때문이다. 나는 오드리의 '생각 금지령'을 보며 왜 그런 모습이 불편하게 여겨질까 또 '생각'을 해버리고 말았다.

이 이야기에서는 여성 직원들 사이의 신경전이 종종 그려지는데, 특히 여성복 매장을 담당했던 오드리가 떠나면서 그의 자리를 두고 벌어지는 치열한 경쟁이 몇 개의 에피소드에서 이어진다. 데니스를 처음부터 견제해왔던 클라라와의 관계가 특히 도드라진다.

우리나라 사극에서 자주 보여지듯, 여성 간의 암투는 고전적인 클리셰다. 현실 속 여자들도 물밑 공작이나 암투를 즐긴다고 생각할지도 모르지만, 나는 현실이든 드라마든 이러한 현상이 나타나는 건 기존 사회에서 여성이 권력욕을 감춰야 했기 때문이라고 생각한다. 여성이 권력욕과 야심, 이를 위한 경쟁심을 드러내는 것은 과거로부터 '여성스럽지 못한' 것으로 비춰졌기

○　　에밀 졸라, 『여인들의 행복 백화점 1』, 시공사, 2018, p.60
ㅇ　　신승철, 『마트가 우리에게서 빼앗은 것들』, 위즈덤하우스, 2016, p.106

때문이다. 여성들은 늘 욕망을 감추고 아닌 척 하며 수면 아래에서 움직여야 했다.

한편, 드라마 속에서 젊은 시절 사랑을 선택하지 않고 일에 전부를 바쳤던 오드리는 한참의 시간이 지난 후에야 비로소 사랑을 택한다. 그리고 모두의 축하를 받으며 백화점을 떠난다. 능력있는 여성이 일을 포기한 이 장면이 그다지 거북하지 않았던 것은 사랑을 선택하는 것 자체가 문제라고 여겨지지는 않았기 때문이다. 삶에는 밸런스가 필요하다. 적절히 균형을 맞출 수도 있고, 때로는 일이 아닌 다른 것을 선택할 수도 있다. 하지만 능력이 있고 일하고 싶은데도 선택의 여지가 없는 것은 다른 문제다.

그러나 대체로는 선택의 여지가 없다. 소설 『여인들의 행복 백화점』에서 누명을 쓰고 백화점에서 쫓겨난 드니즈는 뒷골목의 허름한 방에서 어린 동생 페페와 지내며 갖가지 위협을 겪어야 했다. 여성이기 때문에 겪는 위협들이었다.

눈 딱 감고 고개를 끄덕이기만 하면 되었다. 그러면
이런 비참한 생활을 끝내고, 돈과 아름다운 드레스,
깨끗한 방을 가질 수 있었다. 그건 아주 쉬운
일이었다. 다들 그렇게 살아간다고 하지 않는가.
파리라는 도시에서 여자가 자신의 일만으로
살아가는 건 불가능했기 때문이다. 하지만 그녀

마음속의 무언가가 그렇게 하는 것을 거부하고
있었다. 다른 여자들의 향한 분노는 아니었다. 단지,
추하고 온당치 않은 것들을 받아들일 수 없었던
것뿐이었다. 드니즈는 이치에 맞고 지혜롭고
용기있는 삶을 살고 싶었다.°

페페에게 줄 빵 한 조각조차 없을 즈음, 훈장을 단 남자가
드니즈를 따라와 과격한 행동을 했다. 다들 드니즈의 부당한 불
행에 분노하기보다는, 드니즈가 왜 애인을 만들지 않는지 궁금
해했다. 자신의 일만으로 살아갈 수 없고 애인이 있어야만 유지
가능한 평민 여성의 삶이, 소설을 읽는 동안 너무나도 절망적으
로 느껴졌다.

하지만 드라마 〈더 파라다이스〉는 눈에 보이는 명쾌한 영
상으로 그런 기분들을 지워줬다. 소설에서처럼 쫓겨난 데니스는
백화점 맞은 편의 삼촌 집으로 돌아가서 상점가를 통합해 새로
운 판촉 행사를 기획하고 성공적으로 펼친다. 능력을 과시하는
데니스를 보며 파라다이스 백화점은 다시 그를 탐낸다. 드라마
는 역시나 21세기의 콘텐츠답게 데니스가 능력을 빛내며 성공
하는 장면들을 원작 소설에서보다 더 자주, 극적으로 보여준다.

아, 물론 소설 막바지에서 이야기하는 드니즈의 업적도 매
우 현대적이었다. 드니즈는 수석 구매상으로 임명되었고, 백화

° 에밀 졸라, 『여인들의 행복 백화점 1』, 시공사, 2018, p.313

점의 운영 방식을 혁신적으로 바꾼다. 비수기의 대량해고 대신 휴가를 부여하며, 이때 직원의 생계를 보장해주거나 퇴직 후 연금을 지급하는 공제조합을 설립했다. 또한 임신과 출산으로 백화점을 떠나야 하는 여성 직원들의 지위를 보장함으로써 친구 폴린을 구해냈다. 백화점 직원들로 이뤄진 오케스트라를 만들고 연주회와 무도회를 열어 엄청난 광고 효과를 누렸고, 직원들을 위한 의무실, 도서관, 오락실, 목욕탕, 식당과 미용실을 갖추었다. 근무시간 후에는 백화점 내에서 영어, 독일어, 문법, 산술, 지리학 수업, 승마, 펜싱을 배울 수 있게 수업을 마련했다.

드니즈는 이제 절정기를 구가하고 있었다. 그녀의 수석 구매상 임명은 아직 남아 있던 주변의 말 많은 사람들의 입을 결정적으로 다물게 했다. (...) 하지만 드니즈의 승리는 무엇보다도 그녀를 우습게 보던 남자들 앞에서 더욱더 그 빛을 발했다. 주브 감독관은 이제 그녀 앞에서는 언제나 허리를 90도 각도로 숙이고 얘기했다. 위탱은 자신의 입지가 삐걱거리는 것을 느끼고 불안감을 감추지 못했다. 그리고 부르동클은 마침내 그녀 앞에서 백기를 들고 말았다. (...) 이번에는, 여인이 승리자임을 받아들여야 했다.°

드니즈의 성공을 장면으로 보여주었다면 독자에게 더 짜릿한 기쁨을 줄 수 있었을 텐데 간단히 서술하고 넘어가 버린 점이 아쉬웠다. 19세기 남성의 상상력으로는 구체적 에피소드를 구상하기 어려웠을까. 그래도 드라마 〈더 파라다이스〉에서 보여주는 데니스의 장면들이 있으니 나름 아쉬움을 달랠 수 있었다.

어쨌든 이 이야기 속에서 드니즈와 데니스는 직장에서의 성공을 누리고 무레, 혹은 무레이와의 사랑을 쟁취한다. 소설의 주석에 따르면, 실제로 백화점 수석 구매상인 여성과 사장인 남성의 결혼 사례가 있었다고 한다. 하지만 나는 이왕이면 이 똑똑하고 멋진 여성이 백화점의 대표 자리에 오르는 장면이 보고 싶다. 데니스가 파라다이스 백화점에 입사한 직후 동료 직원과 나눴던 대화를 기억하기 때문이다.

"너도 사장님과 결혼하고 싶어?"
"아니, 나는 그가 되고 싶어."

○ 에밀 졸라, 『여인들의 행복 백화점 2』, 시공사, 2018, p.60

불쾌가 필요할 때

개인적으로 하얏트 리젠시 호텔보다는 파라다이스 호텔의 화장실과 로비가 좀 더 내 취향에 가까웠다. 하지만 하얏트가 해운대 바닷가 중심에 더 가까웠기 때문에 그곳에 자주 들를 수밖에 없었다. 추억의 하얏트는 사라지고 지금은 그 자리에 노보텔이 들어섰지만. 뜬금없이 왜 호텔과 화장실이냐면. 이것이 지금부터 할 이야기와 관련이 있기 때문이다.

어린 시절을 보낸 부산 해운대 지역에는 해변을 따라 대형 호텔들이 늘어서 있었다. 이곳은 말끔하게 차려 입은 어른들만 다니는 서울의 호텔 로비와 분위기가 달랐다. 특히 여름엔 편안한 반바지 차림에 모래 묻은 신발로 다니는 사람도 많았고, 로비 전체에 들뜬 휴가 분위기가 감돌았다.

당시 친구들과 바닷가에서 놀다가 화장실에 가고 싶어지면 해변에 설치된 공공 화장실 대신 바닷가 앞의 대형 호텔 로비를 찾아갔다. 한여름 해운대의 공공화장실은 줄이 길었고 청소 상태가 좋지 않을 때도 많았지만, 호텔 화장실과 로비는 항상 시원하고 쾌적했다. 집과 가까운 호텔 안의 영화관이나 갤러리, 식당 등을 종종 이용해봤기 때문에 어른을 대동하지 않고도 자연스레 호텔 로비를 이용할 만큼 친숙하게 느꼈던 것 같다. 게다가 편한 옷을 입은 가족 단위 관광객들 사이에서 우리는 전혀 눈에 띄지 않았다.

인간은 자연스레 자신에게 편안하고 쾌적한 곳을 찾아낸다. 누군가 내게 카페 추천을 부탁하면 먼저 목적부터 묻는다. 맛있는 커피를 마시기 위한 곳과 작업을 하기 좋은 곳은 다르기 때문이다. 물론 둘 다 가능한 곳도 가끔 있지만 지역이라는 필터까지 거치고 나면 정말 드물다. 수많은 카페 중 내가 작업하기 좋은 카페를 고르는 방법은 불쾌가 없는 곳이다.

테이블과 의자의 높이가 내 앉은 키에 적당히 알맞으며 조도가 너무 어둡지 않고 접근 가능한 콘센트가 좌석의 절반 이상에 있어야 한다. 콘센트 있는 소수의 좌석을 매번 내가 차지한다는 보장이 없어서인데, 이는 장소에 조급함이 있으면 안정감이 떨어지기 때문이다. 이어폰을 쓰기 때문에 음악이 꼭 내 취향일 필요는 없지만, 이어폰을 넘어 흘러 들어오는 과도하게 시끄러운 음악, 흘러간 유행가가 평온한 무드를 거스르는 건 별로다.

아직 끝나지 않았다. 너무 좁거나, 과도한 '핫플'이라 오래 앉아 있기 눈치 보이는 곳은 아니면 좋겠고, 이왕이면 화장실이 카페 내부에 있으면 좋다. 커피 외에 다른 음료도 준비돼있고, 중간에 먹을만한 간식까지 판다면 완벽하다. 커피의 맛은 이 모든 것의 다음이다. 맛있는 커피를 정말 좋아하지만, 작업을 하기 위해서 가는 곳이라면, 커피의 맛에서 느끼는 쾌는 다른 조건에서 오는 불쾌보다 우선하지 않는다. 작업이라는 목적을 달성하기 위한 안정적인 상태가 최우선이다.

그러니까 '불쾌 없음'이란 상당히 어려운 조건이다. 한 가지가 뛰어나다기보다는 모든 조건이 평균 이상으로 거슬림이 없어야 한다. 그래서 오래전의 광고에서는, 좋아하는 것을 해주는 것보다 싫어하는 걸 하지 않는 게 사랑이라고 했다. 물론 무엇의 광고였는지 기억나지 않는 걸 보면 목적 달성에는 실패했을지도 모르지만, 그 말만은 지금껏 기억에 남았다. 사람은 직접적인 쾌를 마주할 때보다 불쾌가 제거된 상태에서 더 큰 쾌를 느낀다. 이른바 행복의 상태다.

몰은 그런 곳이다. 고객의 안락한 쇼핑을 위해 여러 가지 불쾌를 제거했다. 바깥의 거리에서 수시로 마주치는 예측 불가능한 방해물, 누군가의 땀방울이 묻어 있는 노동의 현장, 원하는 결과를 얻기 위해 서로 눈치를 보며 밀고 당기는 흥정의 피로함은 여기서 만날 수 없다. 깨끗한 화장실과 휴게 공간은 물론, 덥거나 추운 날씨에 지치지 않도록 사계절 내내 쾌적한 온습도를 유지하고, 미세먼지가 심하면 공기청정기를 최대한으로 돌린다. 몇 년 전 미세먼지가 유독 심했던 봄날, 맘카페 회원들이 공기질이 좋은 쇼핑몰이나 백화점 목록을 공유하면서 아이들을 안전하게 데리고 나갈 수 있는 방법을 찾던 일이 기억난다.

아름답고 신나는 것들이 가득한데 심지어 불쾌까지 제거

한 그곳에 가면 우리는 아주 빠르게 쾌의 상태에 접어들 수 있다. 일종의 '인스턴트 쾌', '인스턴트 행복'이다. 모든 불쾌가 제거된 상태에서 우리는 어떤 방해도 없이 내 욕망의 흐름을 직관적으로 따르기만 하면 된다. 다만 우리는 흥정하지 않는 대신 조금 더 높은 가격을 정찰제로 지불하며, 그 가격에는 직원의 친절과 무료 주차비용, 공기청정기를 최대치로 돌려 만든 깨끗한 공기값이 포함되어 있다.

어쨌든 돈과 시간만 있다면 쾌를 찾는 일은 쉽다. 많으면 많을수록 더 쉽다. 그래서 우리는 몰을 찾는다. 오늘을 살아낸다는 것만으로도 복잡하고 피곤한 도시인의 삶에서 불쾌가 제거되고 빠른 쾌만 제공되는 이 공간은 천국이나 마찬가지다.

하지만 우리 삶에서 불쾌라는 것을 전부 삭제해야만 할까. 행복은 깨끗하게 지우고 닦아낸 자리에만 올까. 책『발터 벤야민과 도시산책자의 사유』에서 저자는 과거의 파편으로 도시를 읽어내려고 한 벤야민과 달리 현재의 생생한 도시를 해석의 대상으로 삼는 지그프리트 크라카우어를 비교한다. 크라카우어는 노동자 집회가 자주 열리는 독일 노이쾰른이나 베딩의 거리보다 포근하고 깨끗한 베를린 서부의 고급스러운 주택가에서 더욱 불안을 느낀다고 했다. 전자는 노동자들이 행진하며 깃발이 흔들리는 광경, 규칙적인 걸음 소리, 창문을 열고 이를 내다보는 시민들의 모습이 무엇보다 선명하다. 그러나 후자는 실체가 없는 공허함이 느껴진다는 것이다.°

먼 나라의 이야기라 어렵게 들릴 수도 있지만, 쉽게 이야기하면 누구도 살지 않을 것 같은 먼지 하나 없는 세련된 집보다 곳곳에 생활의 흔적이 묻어나고 가족들이 거실에 모여 시끌시끌하게 떠들고 때로는 다투기도 하는 그런 풍경에서 우리는 더 안정감을 느낀다는 것이다. 내가 두 발을 붙인 장소와 나와 관계 맺은 사람들, 나를 둘러싼 현실적인 풍경에서 우리 삶의 모양이 더 선명하게 드러나기 때문이 아닐까. 불쾌를 모두 지워 버리면 현실의 삶도 슬며시 흐려질 수 있다.

한편 불쾌는 '편하지 않은 상태'에서 오지만 이 불편함이 꼭 나쁜 것만은 아니다. 오히려 우리가 서로를 배려하고 함께 어울려 살아가는 데에는 어느 정도의 불쾌도 필요하다. 사랑할 때 우리는 불편함을 참으면서라도 좋아하는 사람에게 맞춰주려 하지만 누구도 그걸 불쾌라고 부르지 않는다. 불편함을 제거한다는 것은 참는 마음 역시 가질 필요 없다는 뜻이다. 우리는 불쾌라곤 찾아볼 수 없는 공간에서 나와 다른 것을 대하는 방법, 그리고 조금은 불편해도 함께 살아가기 위해 감내하고 배려하는 마음을 점점 잊어가고 있는지도 모른다.

언젠가 몰의 화장실에서 유니폼 입은 직원이 나를 마주치자 화들짝 놀라 자리를 뜨는 걸 보았다. 아마 고객과 같은 화장실 이용이 금지되었을 텐데, 급해서 들어왔다가 나를 보고 놀란 것으로 짐작했다. 그러는 동시에 그가 나와 같은 화장실을 쓰는 게 대체 어떤 심각한 문제가 되는지 생각했다. 어떤 날은 매장과

○   윤미애, 『발터 벤야민과 도시산책자의 사유』, 문학동네, 2020, pp.258-259

매장 틈새에 청소용구가 든 카트를 세워두고 그 뒤에 앉아 잠시 쉬는 이를 봤다. 어깨가 고단하고 무거워 보였다. 휴식이 필요해 보였지만, 그렇게 쉬는 마음이 편치 않았을 것이다. 누가 보기라도 하면 바로 일어나려는 듯 자세가 불편해 보이길래 얼른 눈을 다른 곳으로 돌렸다.

그들의 모습은 마치 공연의 무대 뒤에 숨어 있어야 하는데 실수로 관객에게 노출된 스태프처럼 보였다. 같은 공간에서 누군가는 소비를 하고 누군가는 노동을 한다. 이들이 서로 섞이는 일이, 쇼핑을 하다 잠시 여기서 일하는 사람의 노동과 생활에 관해 생각해보는 일이 과연 우리의 삶에서 삭제되어야 할 불편일까.

물론 불쾌는 누구에게나 삭제하고 싶은 감정이다. 몰은 효율과 이익 추구라는 명분을 가지고 우리가 모든 걸 잊고 더 편안하고 매끄럽게 소비 행위를 즐길 수 있도록 약간의 장애물들까지 말끔하게 치워버렸다. 하지만 그렇게 삭제된 것들은 잠시 불편한 감정을 불러올지언정, 우리의 일상과 시야에서 모두 사라져야만 마땅한 존재들이 아니다.

일하는 누군가의 등을 보며 내가 아는 누군가의 고단한 등을 생각했다. 이곳의 문을 열기 전 피로로 무거웠던 내 어깨의 감각을 다시 떠올렸다. 모든 것을 삭제한 불쾌 없는 공간, 일종의 멸균 상태인 그곳이 과연 우리가 살고 싶은 삶을 만들어나가는 의지에 정말로 보탬이 될 수 있을까.

몰이 삭제하려는 불쾌들을 다시 불러와 눈앞에 늘어놓고

꼼꼼히 뜯어 본다. 정말 지워버려도 괜찮을지. 예를 들면 미세먼지를 피해 깨끗한 공기를 찾는 것처럼 건강이나 안전에 관한 불쾌라면 삭제할 수 있다. 하지만 타인의 삶, 누군가 겪는 부조리, 함께 겪어야 할 순간, 거기서 피어나는 가능성은 일순간 불쾌를 불러올지라도 삭제해야 할 것으로 분류할 수 없다. 우리가 여기서 함께 인간으로 살며 견뎌야 할 불편이다.

　내가 누군가를 위한 불편을 감수할 때 또 다른 누군가도 나를 삭제할 불쾌로 여기는 대신 견디며 함께 가야 할 불편으로 여겨 준다. 나 역시 오늘의 편안함을 좇는 평범한 인간이기 때문에 미세먼지 없는 공기와 무료 주차공간이 주는 쾌적함을 완전히 포기하지는 못할 것이다. 그래도 나는 지금 여기의 반대편에 서로가 있다는 것을 확인해가면서, 서로가 서로의 불편이 되는 곳에서 살고 싶다. 상대를 위해 약간의 불편함을 참는 것, 서로의 눈을 마주하며 함께 견디는 것을 우리는 불쾌가 아니라 사랑이라고 부른다.

나는 그곳에서 항상 길을 잃는다

조조 영화를 보러 용산 아이파크몰을 찾았다. 아직 몰이 문을 열지 않은 시간이라 주차장에서 영화관으로 연결되는 동선이 평소와 달랐다. 분명 표지판을 따라갔는데 같은 곳에 되돌아오거나 막다른 길목에 다다랐다. 상영시간에 가까워질수록 마음이 급해졌다. 결국 단 몇 분을 남기고서야 영화관으로 향하는 제대로 된 길을 찾아 돌진했고, 영화 시작 직전에 겨우 도착할 수 있었다.

갑자기 낯선 도시에 떨어뜨려 놓아도 지도만 있다면 어디든 찾아다니며 살아왔다. 심지어 말이 통하지 않거나 러시아처럼 문자조차 알아볼 수 없는 곳에서도 구글맵만 있다면 어떻게든 길을 찾는다. 어디서든 지도를 손에 들고 앞장서는 나를 친구들은 '인간 내비', '지연 내비'라고 불렀다. 처음 가보는 길도 마치 가본 적 있는 길처럼 거침없이 걷기 때문이었다.

그런데 이상하게도 나는 대형 몰 안에서 자주 길을 잃는다. 용산의 아이파크몰이나 삼성역 코엑스몰에 갈 때마다 늘 방향이 헷갈리는 건 물론, 지금 내가 어디쯤 있는지 알 길이 없어 당황한다. 고속터미널 지하상가나 을지로입구에서 을지로4가까지 이어지는 지하 도로에서도 마찬가지로 방향을 모르고 걷다 출구를 지나치곤 한다. '인간 내비'라더니, 대체 그 안에선 왜 그렇게 매번 길을 잃고 마는 걸까.

몰 안에선 사방의 풍경이 너무 비슷하다. 다른 브랜드 매장이라도 비슷한 외관을 지녔고 바닥과 벽의 소재는 물론 온습도와 음악까지도 같다. 다름을 인지할 틈이 없다. 몰 안을 걸으며 소비와 여가를 즐기는 행위가 보편화되며 '몰링'이라는 단어까지 생겨났지만, 몰링으로 도시의 대로와 골목을 걷는 것과 같은 경험을 얻긴 어렵다.

실제 거리를 걸으면 달라지는 스카이라인, 코너를 돌면 바뀌는 각기 다른 건물의 형태, 상점 인테리어나 간판의 디자인의 다양성으로 인해 변화를 느낄 수 있다. 그러나 인테리어 디자인의 요소가 통일된 몰 안에서는 풍경의 변화가 적고, 바깥 거리에서 걷는 감각을 느끼기 어렵다. 쉽게 길을 잃는 이유는 균일화된 풍경 속에 있다.

건축가 유현준은 걷고 싶은 거리가 되려면 걷는 동안 풍경이 바뀌어야 한다고 했다. 골목은 사람에게 익숙한 크기와 길이로 시간 속에서 자연스레 만들어진 공간이며, 이곳을 걸으며 우연히 다양한 풍경을 만나는 것이 사람에게 즐거움을 준다.° 그리고 걸으며 만나는 이벤트가 많은 곳, 즉 우연성이 넘치는 도시는 걷는 이들에게 더 많은 선택권을 쥐여 준다. 선택권이 많은

삶은 더 자기주도적이고 풍성할 수밖에 없다.°

　또한 그는, 외부인이 한 도시에 적응하고 애착을 가지게 되는 시점은 그곳의 도로망을 완전히 이해하기 시작하면서부터라고 했다. 사람은 자신이 있는 위치를 감각적으로 인식해야 안전함을 느낀다. 길을 잃은 상태라면 같은 길을 걷더라도 주변을 즐길 여유가 없다. 경계심과 공포감을 쉽게 느낀다. 그는 뉴욕을 예로 들며, 이 도시는 격자형 구조로 이루어져 있기 때문에 길을 찾기가 쉽고 이주민이 적응하기 수월하다고 했다.•

　대학에 입학하며 서울로 혼자 이사하게 되었을 때, 아빠는 내게 의외의 물건을 건넸다. 서울의 지도책이었다. 아직 운전을 하는 것도 아니고, 이 책을 보고 길을 찾을 일이 많진 않겠지만, 그래도 시간 나면 가끔 들여다보라고 했다. 네가 사는 도시의 어디쯤에 무엇이 있는지, 네가 있는 곳은 어디인지 파악하고 있으면 분명 사는 데에 도움이 될 거라고 했다.

　나는 열두 살에 부산으로 이사했다. 서울에서 12년을 살았지만 어린 시절 살던 성동구 외의 세상은 알지 못했다. 아마 그 지도책이 없었다면 또 학교 앞, 그러니까 마포구 정도만 이해하고 살았을지도 모른다. 아빠의 이야기대로 그 책을 종종 펴보았고, 때때로 모르는 지역에 용기 있게 찾아갔다. 마포구에 사는 동안 관광안내소에 들어가 마포구 지도를 받아온 적도 있었다. 늘 다니던 길 바로 옆이지만 전엔 몰랐던 다른 길을 발견했고,

°　유현준, 『어디서 살 것인가』, 을유문화사, 2018, p.137
ⓒ　유현준, 『도시는 무엇으로 사는가』, 을유문화사, 2018, p.31
•　유현준, 『도시는 무엇으로 사는가』, 을유문화사, 2018, p.276

같은 목적지라도 다양한 길을 거쳐 찾아갔다.

서울은 그렇게 내가 사는 익숙한 곳이 되었다. 어디에 무엇이 있는지 인지하고, 변화하고 달라지는 지형도와 거기 흐르는 시간을 이해하는 감각, 그리고 지금 선 곳이 어딘지 확인할 수 있는 안정감은 내가 사는 곳에 완전히 뿌리 내리는 데에 확실히 도움을 준다. 그런 식으로 도시를 걸으며 마주친 우연들이 나를 키웠다.

언젠가 프라하에 몇 주간 머문 적이 있었다. 도시를 연결하는 대부분의 교통 노선과 대략적인 도시의 구조를 단 며칠 만에 파악할 수 있었다. 시내 중심가의 서점에서 배포했던 상당히 잘 만든 지도가 있었고(그 지도는 내가 가보았던 유럽의 여러 도시를 통틀어 가장 완벽한 지도였다) 여행 중 머문 민박집 가족의 도움이 있었다. 그리고 또 하나, 많이 걸었기 때문이다.

프라하에 도착한지 일주일쯤 지나자 나는 시내에서 원하는 곳을 마음대로 다닐 수 있었고, 어느 날 민박집 주인 언니는 프라하성 투어를 원하는 손님이 있는데 아이 학교에 면담을 가느라 시간이 없다며, 내가 가보는 건 어떠냐고 제안했다. 물론 전문 가이드가 아니었기 때문에 가이드비를 받지는 않았지만, 대신 맛있는 밥을 얻어 먹기로 했다. 나는 마치 그 도시에 한동안 살던 사람인 것처럼 두 사람의 여행객을 인도했다. 성공적으로 시내 투어를 마친 뒤, 민박집 부부는 내게 6개월에서 1년 가량의 고용을 제안했다. 그러나 계획형 인간인 나는 이미 정해놓은 일정이 마음에 걸려 서울로 돌아오고 말았다. 아마 그때로 돌아간다면 프라하에 남을 것 같다. 그 도시에서 걸으며 만난 우연이 또 어떤 시간을 불러올지 모르니 말이다.

십여 년의 시간이 흐른 뒤 다시 도착한 프라하는 낯설지 않았다. 물론 나는 체코말이라곤 '안녕하세요', '고맙습니다', '사랑해요', '광장', '극장' 정도 밖엔 모른다. '제꾸이(Děkuji, 고맙습니다)'의 발음이 좋다고 공항 직원에게 칭찬받은 적은 있으니, 소질이 있을지도 모르지만. 어쨌든 프라하에선 어디로 가야할 지, 내가 어디 있는지 확실히 알기 때문에 두렵지 않았다. 두려움이 없으면 상당히 쉽게 애착이 생긴다. 사람 사이의 관계처럼.

크고 멋진 몰은 편리하지만 그 번듯한 깔끔함이 모든 순간에 옳지는 않다. 우리는 거리와 골목을 걸으며 다양한 선택권을 경험하고 이 도시 속에서 내가 어디쯤 서 있는지 확인할 수 있는 감각을 빼앗기고 있다. 물론 나는 지금도 종종 아이파크몰과 코엑스몰에 간다. 거기서만 할 수 있는 것들이 또 있기 때문에. 그러나 아직도 그 안의 거리는 낯설다.

연극이 끝난 뒤에

지난 크리스마스는 누가 뭐라고 해도 신세계 백화점의 압승이었다. 시즌 인테리어 말이다. 건물 밖을 장식했으니 아웃테리어라고 해야 될지도 모르겠지만. 아무튼 신세계 본점은 외벽 전체를 매핑해 마치 영화 〈위대한 쇼맨〉을 연상시키는 화려한 쇼를 연출했다. 바로 근처의 롯데 영플라자도 건물 외벽을 매핑했고, 눈을 반짝거리며 날아다니는 캐릭터도 꽤 귀여웠지만, 세간의 관심은 모두 신세계에 집중됐다. 어딜가도 신세계 백화점 얘기였다. 크리스마스 시즌 연출을 위해 신세계의 담당자들은 봄부터 전력을 다했다는 인터뷰도 봤다. 그도 그럴 것이 시즌 인테리어는 각 몰의 자존심, 게다가 크리스마스 시즌은 그 중 꽃이니 말이다.

크리스마스가 가까워진 어느 저녁, 나는 신세계 백화점 1층의 이솝 매장에서 선물을 사고 있었다. 내게 시향을 시켜주던 직원은 "밖의 영상 보셨어요? 곧 시작하니까 나가는 길에 꼭 보고 가세요."라고 묻지도 않은 정보를 줬다. 낯선 이들 간의 스몰토크 주제가 될 수 있을 정도라면 이건 하나의 사회 이슈라고 봐도 무방하다.

밖으로 나갔을 때 백화점 맞은편 보도블럭은 이미 인파로 가득 찼고, 심지어 교통경찰이 이를 정리하고 있었다. 확실히 몇 분간 눈을 뗄 수 없을 정도로 화려하고 이국적이었다. 반면 인근의 롯데 영플라자 앞에선 특별히 멈춰 서서 사진이나 영상을 찍는 사람이 없었다. 이번 시즌 롯데의 담당자는 혹시 문책이라도 당한 건 아닐까 걱정이 됐다. 나는 책을 쓰고 있는 중이었기 때문에 롯데의 영상도 공평하게 찍어서 기록했고, 나중에 다시 보니 그 만두같은 캐릭터는 상당히 귀여웠다. 만약 롯데의 담당자가 이 글을 본다면, 그 영상은 다시 보는 매력이 있었다고 꼭 전해주고 싶다.

앞서, 사람들은 보는 풍경이 달라지는 것을 원한다고 했다. 물론 수많은 영리한 사람들이 몰에서 일하고 있기 때문에, 그들도 이 사실을 알고 있다. 변화 없는 실내공간의 풍경을 변하게 만들기 위해 몰이 선택한 대표적인 방법 중 하나는 멀티플렉스 극장을 입점시킨 것이다. 풍경이 바뀌는 대신 시각적인 콘텐츠를 수시로 바꿔줌으로써 계속적인 변화를 꾀한다.°

계절에 따른 인테리어와 식물 장식 역시 같은 맥락의 노력이다. 그런데 몰 내부를 자연의 변화와 가깝게 만들기 위한 인테리어는 실내 풍경을 바꾸는 방편인 동시에 소비행위를 희석시키는 장치이기도 하다. 우리는 여행을 떠나면 다른 어떤 때보다 소비에 관대해진다. 마치 야외로 놀러 나가거나, 이국적인 곳으로 여행을 떠난 듯한 기분은, 쇼핑을 부담스럽지 않은 부차적인 행위로 느끼게 만든다. 들뜬 기분에 쉽게 지갑을 열고, 마치 자연을 누리고 여행을 하는 데에 돈을 쓴 것 같은 착각을 한다.[°]

이 모든 것을 알고 보더라도 더현대서울의 메인 정원은 역대급 경험이었다. 진짜 나무와 풀, 꽃들이 있었고, 마치 잘 꾸며진 유럽의 정원에 온 것 같은 풍경이었다. 야심찬 실내디자인과 이를 뒷받침하는 자본은 물론, 매일 아침 정원을 관리하는 직원들의 손길이 있었기 때문이다. 심지어 새 소리까지 들렸다. 나는 아주 잠깐, 먼 곳에 온 착각에 빠졌다.

그러나 이내 정신을 차리자 이것이 어떤 새의 소리일지 궁금해졌다. 지역마다 계절마다 만날 수 있는 새가 다르다. 언젠가 봄의 안산에서 박새의 종종거림과 물까치의 푸른 날갯짓을 만났고, 초여름의 북한산에서 딱따구리의 경쾌하고 규칙적인 소리를 들었다. 하지만 지금 들리는 저 목소리도 고유의 얼굴이 있을까. 실내에 인공적으로 조성된 자연은 실제 자연과 달리 아무런 맥락이 없다.

실내 장식에 식물과 자연을 응용하는 방법을 현대의 몰이 처음 시도한 것은 아니다. 19세기 말에서 20세기 초에 등장한 아르누보[Art Nouveau] 양식[•]은 꽃과 과일, 덩굴과 잎 등 식물 모티브와 장식적인 곡선을 건축물 외관과 인테리어, 가구와 도자기, 보석과 금속 공예 등에 사용했다. 이는 순수 예술과 응용 예술

[°]   유현준, 『어디서 살 것인가』, 을유문화사, 2018, pp.123-125

[ɔ]   설혜심, 『소비의 역사』, 휴머니스트, 2020, pp.353-355

[•]   독일어권에서는 '유겐트 슈틸Jugendstil'이라고도 불린다.

사이의 구분을 무너뜨리기 위해 시작된 것으로, 당시 예술 분야 전반에 걸쳐 널리 유행했다. 인물 주변을 화려한 식물 모티브로 장식한 알폰스 무하와 구스타브 클림트의 그림, 또는 장식적인 식물 패턴으로 유명한 윌리엄 모리스의 벽지 디자인을 떠올리면 이해가 쉬울 것이다.

하지만 벤야민은 그런 장식에서는 어떠한 역사적 내용도 찾을 수 없으며, 우리가 실내 미화를 통해 '고독한 영혼의 미화'를 꿈꿀 뿐이라고 비판했다.° 사실 몰은 자연스레 형성된 도시 공간이 아니라 교외의 아파트 단지처럼 계획적으로 설계한 공간이니, 아무래도 맥락을 갖기는 어렵다. 그저 상품의 종류, 공간의 목적에 따라 구역을 나누고 고객들이 편안하게 여길만한 장식을 더한다. 도시의 축소판 같은 상점가를 꾸미고, 걷는 재미 속에서 자연스럽게 소비가 가능한 동선을 짠다. 모두에게 행복을 권하는 낙원 속에서 직원들은 각자 맡은 역할을 수행하는 배우가 되고, 우리 또한 다른 고객들에게는 보여지는 존재가 된다.° 그래서 나는 이곳이 연극 무대처럼 보인다. 몰을 구성하는 인공의 요소들은 늘 현실 세계의 그것보다 무언가 부족하게 느껴진다.

언젠가 친구에게 파르크라는 한식 다이닝에 가자고 했다. 그도 좋다고 했다. 그런데 내가 말한 곳은 한남동의 파르크였고, 친구가 말한 곳은 명동 신세계 백화점 푸드코트의 파르크였다. 나는 본점에 가고 싶었지만, 친구는 교통이 편하고 다른 것들도 구경할 수 있다며 백화점 푸드코트를 고집했다. 같은 이름이니 같은 장소겠지 싶었지만 둘은 메뉴판부터 달랐다. 다양하게 구성된 정식 한 상을 주문할 수 있는 본점과 달리, 푸드코트에 입점한 분점은 일품 메뉴만 주문할 수 있었다. 바 테이블에 앉아 등 뒤를 스쳐가는 수많은 인파를 느끼며 먹는 덮밥의 맛은 기분 탓이었는지는 모르겠지만 조금 다르게 느껴졌다. 같은 이름 아래 수많은 다른 경험이 있을 수 있다는 걸 알았다. 그 차이를 함께 나누지 못한 우리는, 몇 년 뒤 결국 서로의 결이 다르다는 사실을 깨닫고 말았다.

사실 몰의 푸드코트에는 전국 각지의 맛집이 모여 있지만, 아무래도 가게의 형태와 규모, 입점 수수료 등의 차이로 인해 본점과는 분위기와 메뉴 구성도 다르다. 때로는 맛도 조금 다르다. 다른 거라면 좋겠지만 종종 부족하다고 느껴진다. 마치 공원처럼 식물이 가득하고 새소리가 들리는 휴식 공간을 꾸며 놓았지만 흙냄새 나는 실제 자연은 아닌 것처럼. 현실과 디테일이 조금씩 다른 세트장 같은 것들. 그러니까 아우라 없는 시뮬라크르에 가까운 곳이다.

짐멜은 대도시가 사람을 둔감하게 만든다고 했다. 너무 많은 자극 사이에서 사물의 차이들이 지닌 의미나 가치를 지각하지 못하고 감각이 마비된다는 것이다.[c] 도시의 모든 것을 모방하고 축소해서 모아 놓은 이 감각적인 세트장에서, 불특정 다수가 같은 풍경 속 균일한 경험을 만난다. 현실의 불쾌를 지우고 비현실적 쾌만 가득한 순간을 손에 넣는다. 그러나 정작 개별 경

---

[a] 윤미애, 『발터 벤야민과 도시산책자의 사유』, 문학동네, 2020, pp.61-62
[b] 김인호, 『백화점의 문화사』, 살림, 2014, p.94
[c] 게오르그 짐멜, 『짐멜의 모더니티 읽기』, 새물결, 2006, p.41

험을 나누어야 하는 특정한 이들과는 같이 있음에도 같이 있지 않은 시간을 보낸다. 우리는 자극으로 가득 찬 이곳에서 오히려 점점 더 둔감해져 간다.

그래도 우리는 여전히 현실의 감각을 지우고 다른 세계로 잠시 떠나기 위해 몰에 간다. 미국 드라마 〈기묘한 이야기〉 시즌 3에는 쇼핑몰에서의 전투 장면이 나오는데, 쇼핑몰 아래에 다른 세계로 가는 연구소가 있었다는 결말로 끝난다. 이렇게 정말로 다른 세계로 떠나기 위한 장치라도 있다면 모를까, 우리가 만나는 무대 아래에는 집으로 돌아가는 지하주차장이 있을 뿐이다.

영업시간 종료를 알리는 안내 방송과 함께 연극이 끝난다. 막이 내리고 불이 꺼진다. 거리를 빛내던 백화점의 화려한 쇼도 끝난다. 우리는 현실 속 내 집으로 돌아온다. 달라진 것은 없다. 결말은 누구나 알고 있다.

모퉁이를 돌 때마다
다른 풍경이 보였다

부산으로 이사하기 전에는 성수동에 살았다. 성수동을 다시 찾은 건 최근 몇 년 사이에 그곳이 핫플레이스가 되고 난 이후다. 20년이 훌쩍 넘는 시간 동안 지형도가 완전히 달라졌지만, 어린 시절 골목을 누비며 다닌 가게들을 지금도 모두 기억한다.

아침에는 지름길로 학교에 가기 위해 큰길 대신 시장과 골목을 거쳐 갔다. 그 시간 즈음이면 가게 문을 열기 위해 시장 전체에 분주한 기운이 돌았다. 돌아오는 길에도 역시 시장을 거쳐 왔는데, 아침과는 다른 이유였다. 화요일이면 시장 입구에 소프트콘을 파는 노점이 왔고, 수요일에는 지팡이 모양 과자를 파는 트럭이 왔다. 집 근처에 거의 도착했을 때 보이는 분식점에서 떡꼬치와 꼬마 돈까스를 사 먹으며 담소를 나누는 건 나이가 한 자릿수인 작은 사람들이 가지는 일종의 사교모임이었다.

가끔 큰길로 돌아가는 경우는 동네에서 가장 큰 사거리의 팬시점을 가기 위해서였다. 2층으로 이뤄진 그곳은 근처 대학을 다니는 언니들도 올 정도로 다양한 물건이 있었고, 초등학생인 우리에게는 백화점이나 마찬가지였다. 거기서 산 일본제 펜은 친구들 사이에서 자랑할 만한 아이템이었다. 그리고 주말에는 엄마를 따라 미용실에 갔다. 내 머리를 먼저 자르고, 엄마의 파마가 끝나길 기다리는 동안 맞은편의 문방구를 구경하러 갔다.

당시 엄마는 뽑기를 하지 말라고 했는데, 아마도 어린 나이에 사행성에 물들까봐 그랬던 것 같다. 하지만 나는 늘 몰래 뽑기를 했고, 소소하게 받은 상품과 간식은 서랍에 숨겨 두거나 먹어서 증거를 인멸했다. 그러다 언젠가 덜컥 2등에 당첨되고 말았다. 내 팔 길이만 한 물총을 받았는데, 도저히 감출 수 있는 크기가 아니었다. 특별히 관심 있는 물건도 아닌 데다가, 이걸 들고 엄마가 있는 미용실로 돌아갔다간 혼날 일이 눈에 선했다. 드물게 큰 상품을 받고 좋아해야 하는데 울상을 짓는 나를 보고 문방구 사장님도 당황하셨던 것 같다.

지금이라면 다른 작은 물건 몇 개로 바꾸자고 흥정했을 텐데, 어린 나는 그런 요령이 없었기 때문에 커다란 물총을 그대로 들고 엄마가 머리를 하고 있는 미용실로 갔다. 다행히 크게 혼나진 않았다. 엄마도 황당했겠지. 물총은 결국 동생의 차지가 되었는데, 초등학교 저학년이었던 나는 어부지리라는 사자성어의 뜻을 그때 아주 확실하게 알게 되었다.

아, 그러고 보니 엄마가 시장에서 물건을 고르는 사이 동생이 다른 사람의 손을 잡고 사라질 뻔한 에피소드도 있었다. 이 아이는 의외로 집에 잘 찾아왔지만, 지금 생각하면 아찔한 일이다. 동생은 아직도 그때 낯선 아주머니와 서로 잡은 손을 보고 어리둥절하며 놀랐던 기억을 얘기한다. 사실 이런 이야기를 꺼내자면 끝도 없다. 성수동 골목의 가게들은 당시 나의 일상과 긴밀하게 관계 맺으며 유년기를 밀도있게 채웠다. 그때만 가능했던 풍경, 소리와 냄새, 맛, 사람들이 관한 기억이 아직도 선명하다. 그곳은 내게 이야기가 차곡차곡 쌓인 장소다.

공간은 물리적 실체를 가지지만 머릿속에서는 추상적인 개념이다. 하지만 우리는 어떤 공간을 잘 알게 되고 그곳에서 경험을 쌓게 되면서 개인적인 가치를 부여한다. 이렇게 사람의 서사와 맥락이 쌓이면, 물리적으로 존재하는 '공간(space)'은 누군가에게 기억되고 가슴에 남는 곳, 즉 하나의 '장소(place)'°가 된다. 크라카우어는 도시 전체 공간을 '밖으로 뒤집혀진 기억'이라고 했다.ⁿ 그 도시를 살아가는 사람들이 가진 기억이 표현되는 곳이라는 뜻이다.

도시는 하나의 커다란 기억 덩어리다. 여기엔 이 도시를 앞서 살았던, 지금 살아가고 있는 모든 사람들의 기억이 뒤섞여 있다. 나와 같은 시기 성수동에 살았던 사람들도 골목의 가게들에 관해 비슷하지만 다른 기억들을 갖고 있을 것이다. 가게들이 사라지거나 바뀌어도 사람들의 기억에 남은 '장소'는 사라지지 않는다. 그런 기억이 모여 한 시절의 '장소'를 구성하고, 시간의 흐름에 따라 또 다른 가게들, 또 다른 사람들의 기억이 차곡차곡

°   이 푸 투안, 『공간과 장소』, 사이, 2020, p.19
ⁿ   윤미애, 『발터 벤야민과 도시산책자의 사유』, 문학동네, 2020, p.260

쌓이며 장소의 서사, 나아가 역사를 이룬다.

　미국의 쇼핑몰을 처음으로 만들어 '쇼핑몰의 아버지'라고
도 불리는 건축가 빅터 그루엔은 원래 쇼핑몰을 소속감을 느낄
수 있는 하나의 커뮤니티로 만들려고 했다. 그가 상상한 건 중
세의 시장이나 광장의 모습이었다. 쇼핑몰이 사람들이 만나 서
로 교류하고 공동체 기능을 회복하는 장이 되길 바랐다. 그래서
비슷한 느낌을 주는 역사적 장소를 모티브로 내부를 디자인하
곤 했는데, 이는 시간이 지나면서 고객들에게 여행의 환상, 비
현실적 광경을 선사하며 소비 행위를 희석시키기 위한 도구로
전락해버렸다.°

　게다가 쇼핑몰 입점 브랜드가 획일화되면서 미국 전역에
비슷한 풍경을 지닌 쇼핑몰이 우후죽순 생겨났다. 어딜 가나 똑
같은 경험, 똑같은 기억이었다. 그루엔은 결국 자신의 실패를 인
정하고 고향인 오스트리아 빈으로 돌아가 버렸다. 너무 뜨거운
가슴을 지닌 이들은 종종 극단적인 선택을 한다. 귀국 이후 그루
엔은 자신이 탄생시킨 쇼핑몰을 앞장서 비난하기 시작했다. 그
는 쇼핑몰을 "거대한 쇼핑 기계", "땅을 낭비하는 추한 주차장의
바다"라고 불렀다. 그리고 자신이 구상한 것과 다른 추한 결과
물이라며 책임지고 싶지 않다는 선언까지 했다. 그가 공연하게
이런 선언을 했던 강연의 제목은 〈쇼핑센터의 슬픈 이야기〉°였
다. 그렇다, 여러모로 아주 슬픈 이야기다.

　우리의 몰도 마찬가지다. 같은 브랜드의 백화점, 쇼핑몰, 마
트라면 어느 지역에 가더라도 비슷한 구성의 브랜드, 통일감 있

는 디자인을 만날 수 있다. 다만 몰의 브랜드에 따라 다른 입점 브랜드를 만날 수 있는 정도다. 그렇기 때문에 우리는 몰에 갈 때 지역이나 다른 특수성보다는 몰의 브랜드를 기준으로 선택하곤 한다. 같은 브랜드의 몰이라면 비슷한 경험을 할 수 있다. 우리의 일상과 여가의 경험이 획일화되면서 우리의 서사도 획일화된다.

책 『어디서 살 것인가』에서는, 도시가 점이 아니라 하나의 선이 되어야 한다고 했다. 한 곳에서 다른 곳으로 이동할 때 점과 점 사이가 선으로 이어진다. 이동하며 만난 풍경, 우연히 마주치는 이벤트 혹은 사람. 이 모든 것이 점과 점 사이를 메우는 이야기가 된다. 이야기의 밀도가 높을수록 도시는 더욱 매력적인 곳이 된다. 그래서 도보로 경험할 수 있는 거리, 선으로 이어지는 상업가로를 만들어야 한다고 말한다.*

하지만 모든 인프라를 갖춘 대형 실내공간들이 늘어나면서 우리는 건물에서 건물 사이를 차로 이동한다. 혹은 풍경을 지나쳐 지하철 입구에서 지하철 입구로 이동한다. 점에서 점으로 다닌다. 사이의 풍경은 삭제된다. 그 점과 점을 거리와 풍경으로 이어가야만 서로 다른 사람들의 서로 다른 이야기가 쌓이고, 마침내 도시는 하나의 '장소'가 될 수 있다.

다시 예전의 골목을 떠올려본다. 모퉁이를 하나 돌 때마다 다른 풍경이 몸에 새겨졌다. 물리적 '공간'은 언젠가는 사라지게 마련이지만 그래도 '장소'는 사람의 가슴 속에 여전히 살아있다.

○ 설혜심, 『소비의 역사』, 휴머니스트, 2020, pp.352-353

⊃ 설혜심, 『소비의 역사』, 휴머니스트, 2020, p.356

● 유현준, 『어디서 살 것인가』, 을유문화사, 2018, p.128

성수동의 지형도는 완전히 달라졌지만, 나는 여전히 오래전의 동네 풍경을 기억한다. 당시의 기억은 지금 여기 또렷하게 존재하는 나를 이룬다. 내가 여기 있는 한 '장소'는 사라지지 않는다.

비슷한 모퉁이를 돌 때마다 예측 가능한 비슷한 풍경이 펼쳐지는 곳에서 우리는 고유한 이야기를 쌓을 수 있을까. 물론 내가 골목을 누비며 자란 세대라 상상력이 부족한 것일지도 모른다. 몰에서 많은 시간을 보내며 자라고 있는 지금의 어린아이들, 심지어 온라인 쇼핑몰이나 메타버스의 상점가를 누비며 타인과 교류하고 기억을 쌓게 될 그들이 어떤 서사를 이어갈지는 조금 더 지켜봐야 할 일이다.

시암 파라곤을 지나쳐
룸피니 공원으로 가주세요

오래전 엄마와의 방콕 여행 중 쇼핑몰에 자주 방문했다. 딱히 살 것은 없었지만 날씨가 너무 덥고 습했기 때문이었다. 방콕에 오면 모두가 찾는다는 카오산 로드도, 짐톰슨 하우스와 새벽 사원도 좋았지만, 에어컨을 빵빵하게 틀어 놓은 대형 쇼핑몰은 그저 천국이었다. 나만 그런 건 아니었을 거라고 생각한다. 방콕 중심가에는 시암 파라곤과 센트럴월드, 시암 디스커버리, MBK센터 등 수많은 쇼핑몰이 있었기 때문이다. 게다가 바깥보다 물가가 비싸긴 해도 우리나라 백화점이나 쇼핑몰보다는 훨씬 저렴했다. 여행 일정을 책임진 나는, 엄마를 더위에 지치게 만들고 싶지 않았기 때문에 상대적으로 기온이 낮은 아침에 야외 일정을 하나쯤 마치고 기온이 오르기 시작하는 오후엔 무조건 쇼핑몰에 들렀다.

그런데 그 시원하고 아름다운 공간에서 엄마는 자꾸만 벤치에 앉아 쉬어 가자고 했다. 점점 앉자고 하는 간격이 짧아져서 조금 짜증이 났다. 대체 왜 덥고 습한 야외보다 이 쾌적한 곳에서 더 자주 쉬자는 걸까. 혹시 재미없다는 걸 간접적으로 표현하는 걸까. 그러면 그렇다고 말을 하지. 나는 결국 참지 못하고 가시 돋힌 핀잔을 줬고, 엄마는 미끄러운 바닥 때문에 밖에서 걸을 때보다 무릎 관절이 아팠기 때문이라는 대답을 했다. 예상치 못한 곳에서 마음이 덜컥 내려 앉았다.

　　사람은 불편함에 직면해야만 상황을 해결하기 위한 탐구를 시작한다. 그러다 전에는 보이지 않던 사실을 깨닫는다. 쇼핑몰 내부를 예뻐 보이게 만드는 반들반들한 타일이 보행에 어려움을 줄 거라곤 상상도 하지 못했다. 엄마의 말을 듣고 아차 싶었지만, 또 그때뿐. 여행이 끝난 뒤엔 까맣게 잊어버리고 말았다. 그건 내가 무릎이 아파본 적이 없는 20대였기 때문이다.

　　그러다 몇 년 뒤 발목을 크게 다친 뒤에야 마침내 공감할 수 있었다. 심하게 접질린 발목은 처음 며칠은 아예 쓸 수 없었고, 일주일쯤 후엔 평지를 살살 걸을 수 있게 되었지만 계단은 불가능했다. 마침 일 때문에 서울 끝에서 끝까지 이동하는 일이 잦았다. 편도 2만원이 넘는 거리를 매번 택시를 탈 수는 없었다 (대체 나는 왜 그때 운전을 시작하지 않았나). 어떤 날은 택시를 탈 정도는 아니라는 섣부른 판단으로 버스를 탔다가 운이 나빠 좌석에 앉지 못했다. 흔들리는 버스 안에서 한쪽 발에 힘을 실을 수 없는 상태로 균형을 잡기란 너무 어려운 일이었다. 손잡이에 매달려 나머지 한 다리에만 의지했다. 몸의 균형이 뒤틀린 자세로 과도하게 힘을 주고 나니 집에 돌아와 몸살이 났다.

그뿐만이 아니었다. 몸이 아프니 당장 급하고 중요한 일 외에 많은 것을 포기해야 했다. 어딜 가든 무엇을 하든 소요되는 시간을 이전의 배로 가늠하며 지냈다. 여름을 지나 가을이 도착하는 계절이었지만, 나는 용을 쓰느라 여전히 더운 여름의 한가운데에 있었다. 아픈 몸이 경험하는 삶은 상상 이상으로 느렸다.

그렇게 한 계절 동안 느리게 걷고, 지하철의 플랫폼에서 엘리베이터를 기다렸다. 내가 빨리 걷고 쉽게 움직이는 동안 애쓰며 움직이고 땀에 흠뻑 젖었던 다른 이의 삶이 좀 더 가까이 보였다. 수십 년 전보다 느려진 몸을 갖고 더 빨라진 세상을 살아가야 하는 엄마의 감각도. 같은 곳에 도달하는 속도는 사람마다 너무 다르다. 그리고 그건 꽤 자주, 개인의 탓이 아니다.

얼마 뒤 이번엔 엄마가 무릎 수술을 했다. 다행히 금방 걸을 수 있었지만, 종종 지하철을 타야할 때는 고역이었다(대체 나는 왜 그때도 운전을 시작하지 않았나, 후회해봐야 소용없지만). 엘리베이터는 거짓말처럼 눈에 띄지 않았다. 엄마가 아픈 무릎으로 헤매는 시간을 줄이기 위해서 나는 앞서 뛰어가 엘리베이터가 있는지 확인하곤 했다. 겨우 찾았다 해도 지하와 지상을 연결하는 모든 구간에 엘리베이터와 에스컬레이터가 설치된 것이 아니었다. 아픈 사람이 따르는 동선에서 기막힌 구멍이 자주 발견되었다. 나는 만든 사람 누구도 이 동선을 제대로 통과해본 적이 없다는 확신에 이르렀다.

살면서 조금이라도 보통의 기준에서 벗어나면 세상의 모든 것이 갑자기 불친절해진다. 내겐 쉬웠던 일이 누군가에겐 단

124

한 번도 쉬웠던 적이 없었을 텐데, 그걸 몰라서 누군가에게 상처를 주고 인지조차 못한 순간이 많았을 것이다. 어떤 날 기준에서 벗어난 내게 누군가 그랬듯이. 하지만 우리는, 불친절에 순간적으로 분노하고 쉽게 잊는다. 도시의 삶에서 둔감해진 우리는 내 삶에 있어서도 민감하지 못하다. 그런 우리에게 반대편에 있는 타인의 삶을 이해하기란 끝없이 먼 과정이다.

몰에서는 우리가 '행복'이라고 부르는 것들을 쉽게 찾을 수 있다. 하지만 몰은 표준의 범위를 벗어나거나 이곳에 최적화되지 못한 이들에게는 드러나지 않는 불편함을 참아야 하는 공간이다. 미끄러운 대리석 바닥처럼. 사회의 표준에 살짝 어긋난 사람들은 미처 표준의 범위에 들지 못한 삶의 일부분을 틀 안에 욱여넣으며 살아간다. 필연적인 불편과 희생이 있지만 원래 그런 거라고, 모자란 내 탓이라고 생각한다. 심지어 틀에 삶을 욱여넣기도 어려울 정도로 표준과 다른 이들에게 있어서 일상은 매 순간 도전이다. 틀 밖의 삶은 자꾸 지워진다.

하와이에 긴 여행을 다녀온 친구가 그곳에는 신기할 정도로 휠체어 탄 사람이 많았다는 이야기를 한 적이 있다. 처음에는 휴양지라 유독 장애인 인구가 많은가 싶었지만, 한동안 관찰한 결과 그게 아니라는 사실을 깨달았다고 했다. 버스의 승하차 시설, 상점의 출입문 등, 휠체어를 탄 사람도 혼자 밖에 나올 수 있는 인프라가 마련되어 있었기 때문에 그들이 집에 머무르지 않고 밖에 나왔다는 것이다. 함께할 수 있는 방법이 있었기 때문에 그곳에서는 같이 '행복'을 즐길 수 있었다. 그 이야기를 들으면서 혼자서는 쉽게 이동할 수 없어 집에 머물러야만 하고, 보이지 않기 때문에 점점 더 사회에서 지워지는, 이름과 얼굴 모를 누군가의 실루엣을 떠올렸다.

방콕만이 아니라 우리나라의 몰도 노인과 장애인, 반려동물에게는 편안하게 즐길 수 있는 곳이 아니다. 미끄러운 바닥은 물론이고, 엘리베이터가 구석에 있기 때문에 에스컬레이터 이용이 불가능한 휠체어 이용자는 층간 이동이 매우 불편하며, 디지털 기기 이용에 서툰 노인이나 시각장애인은 터치스크린으로 된 안내판을 이용하기 힘들다. 반려동물들이야 원래 입장이 되지 않았고, 최근들어 겨우 동반 가능한 곳이 늘어났다.

최근 파격적인 무인 점포를 열어 화제가 된 유명 패스트푸드점이 떠오른다. 주문과 계산을 할 수 있는 곳, 음식을 받을 수 있는 곳은 모두 영어로 표기되어 있었고, 전 과정을 고객이 직접 해결할 수 있도록 구성되어 있었다. 기존 매장에서는 키오스크 사용법을 몰라도 직원에게 문의할 수 있었지만, 이곳엔 문의할 수 있는 직원조차 없다. 신선하고 재미있는 시도지만 확실히 이곳은 누군가에겐 굳게 문을 닫은 공간이다.

'Pick up'이나 'Drink station' 같은 단어가 어렵냐고 반문할 수도 있겠다. 하지만 우리가 함께 살아가는 이곳에선 생각보다 영어의 알파벳조차 읽을 수 없는 사람이 많다. 우리나라는 상대적으로 문맹률이 낮지만 여전히 한글을 읽을 수 없는 사람도 존재한다. 젊은 층이 주로 다니는 홍대 거리이기 때문에 가능한 시도라고 했지만, 그런 매장이 늘어날수록 그 거리는 일정

126

한 연령층, 혹은 고등 교육을 받은 젊은층만 자유롭고 편안하게 다닐 수 있는 폐쇄적인 공간이 된다. 다양한 기억이 비집고 들어 갈 장소가 될 수 없다.

어떤 공간의 입구에서, 내가 이곳에 들어갈 수 있는지, 혹은 들어가더라도 편안하게 이용이 가능한지 확신이 들지 않는다면 이미 위축되어 문을 열고 들어가기 어려워진다. 그러고 보면 새로 생긴 고급스러운 몰에서 일정한 연령 이상의 노인이나 휠체어를 탄 장애인을 만난 적은 거의 없다. 보호자의 도움 없이는 이 '행복'한 공간에 올 수 없기 때문이다. 누군가는 스스로 행복에 닿을 수 있지만 누군가는 타인의 도움을 받아야 겨우 가능하다는 건 기이하고 슬픈 일이다.

최근 작은 가게에서부터 이러한 차별을 없애려는 움직임이 일어나고 있다. 독립 문화예술가집단 '다이애나 랩'은 중증장애인과 사회적 소수자가 차별받지 않고 가게에 드나들며 사회와 관계 맺을 수 있도록 '차별 없는 가게' 프로젝트를 진행한다. 이들은 '차별 없는 가게'의 개념과 조건을 연구해 가이드라인을 만들고, 온오프라인에서 매뉴얼북을 배포하고 있다.°

예를 들면, 휠체어 진입이 가능한 엘리베이터와 화장실, 턱 없는 입구와 이동식 경사로, 성중립 화장실, 점자 메뉴판이나 수어 가능 직원, 발달장애나 언어장애가 있는 사람도 주문할 수 있도록 그림이나 사진으로 된 AAC^Augmentative and Alternative Communication, 보완·대체의사소통 메뉴판을 준비하고 채식 메뉴를 파는 등 소수자 누구나 어려움 없이 가게를 이용할 수 있게 하는 요소들이다.° 하지만 이 가이드라인을 대형 몰도 적극적으로 수용할지는 의문이다. 소수자가 아니라도 이미 찾아오는 고객이 많은데. 효율적이고 합리적인 도시의 거대한 기계가 과연 수고로운 배려를 하려고 할까. 물론 그러길 바라지만 말이다.

엄마와 함께했던 방콕 여행의 진짜 행복은 에어컨 빵빵한 쇼핑몰이 아니었다. 우리는 마지막 날 시내 한가운데의 룸피니 공원으로 향했다. 방콕 도심에서 가장 큰 공원이라고 했기 때문이다. 그냥 초록을 보고 싶었다.

택시를 타고 룸피니 공원으로 가자고 하자. 기사님은 우리를 걱정하기 시작했다. 왕궁과 사원. 카오산로드는 가보았냐고, 왜 공원 같은 데를 가냐고. 거긴 아무도 가지 않는다고 몇 번을 되풀이했다. 쇼핑몰이 가득한 시암 지역을 거치는 동안 그는 우리를 다시 한 번 설득하려고 했다. 여기 쇼핑몰이 많은데, 혹시 가보았냐고. 우리는 웃으며 쇼핑몰이나 사원엔 이미 가보았고, 공원에 그냥 걸으러 가는 거라고 했다. 물론 그는 끝까지 '그냥 걷는다(Just walk)'는 말을 이해하지 못했고 안타깝지만 어쩔 수 없다는 표정으로 우리를 공원 입구에 내려 주었다.

그가 걱정한대로 공원에는 관광객이 하나도 없었다. 사실 그래서 간 거였다. 습한 공기 속에서 흙을 밟는 감각이 좋았고, 엄마는 푹신한 흙 위에서는 무릎이 덜 아프다고 했다. 공원을 달리는 현지인의 일상을 살짝 엿볼 수 있었고, 카메라를 들이대자 잠시 포즈를 취해 주는 포토제닉한 거대 도마뱀도 만났다. 흙의 색깔과 나무의 수형, 초록의 결이 우리나라와 달랐다. 그런 풍경이 모여 이 도시의 리듬을 보여주고 있었다. 우리가 여행에서 만나고 싶었던 것들과 그날 치 우리의 행복은 바로 거기 있었다.

에필로그
그래서 쇼핑몰에 왜 가는 건데요?

다 쓰고 나니 여기까지 읽은 분들에게 약간의 사과를 전해야겠
다는 생각이 들었다. 몰에 관한 이야기를 한다는 이 책을, 어쩌
면 몰을 좋아하고 자주 다니는 이가 반갑게 집어 들었을지도 모
르는데. 나는 이곳을 아주 디스토피아처럼 그려 놓았다는 데에
생각이 미쳤기 때문이다. 물론 하고 싶은 이야기를 하려고 쓴 책
이지만, 그래도 몰이라는 존재에 사사건건 시비를 걸고 분해하
고 물어뜯는 광경을 전혀 예상치 못했던 분들께는 일말의 미안
함을 전하고 싶다.

　이렇게 몰에 대해서 슬프고 비관적인 이야기를 늘어 놓았
지만, 이런 나라고 해서 몰에서 즐거움과 행복을 찾지 않는 건
아니다. 몰의 동선에 피로를 느끼는 터라 자주 드나들지는 않지
만, 적당한 익명성, 불쾌 없음이 필요할 정도로 지쳤을 때는 나
역시 쇼핑몰이나 백화점을 찾아간다. 마치 작업에 적당한 카페
를 찾는 것처럼. 이미 예민하게 신경 써야 할 것이 많아 더 이상

130

의 여력이 없는 날에는 불쾌를 제거한 진공 상태가 필요하다. 게다가 소비의 위안은 지친 도시노동자의 삶에서 조금이나마 외로움을 덜어준다. 그 소비의 결과를 내일의 내가 노동으로 메꿔야 한다는 단점이 있지만.

사실 나는 이 글을 쓰는 동안, 밤에는 자본주의와 맹목적소비를 비판하는 글을 쓰고, 낮에는 올리브영 세일을 한다며 화장품과 간식을 사거나, 스타필드에 들러 맛있는 와인과 저녁거리를 샀다. 본문에서 언급했다시피 핫하다는 더현대서울과 연말의 승자 신세계 백화점까지 빼놓지 않고 들렀다. 매 순간 재미있고 즐거웠다. 쓰면서 오는 피로와 고통을 잠시나마 잊기에 좋은선택이었다. 결국 나도 별다를 것 없는 보통 사람이다.

그러나 조금만 정신을 차리면 자꾸만 어긋난 틈새가 보인다. 그리고 나는 여전히 내가 본 것과 보고 나서 쓴 것을 기억한다. 몰이 완전한 행복의 공간, 또는 도시의 파라다이스인지는 잘모르겠다. 짐멜이 말한 것처럼, "우리는 대도시의 삶에 속해 있기 때문에 이곳의 개별적 현상들이 우리에게 호감을 주든 주지못하든 재판관의 태도로 임할 수 없다." 여기에 속한 사람으로서, 불평만 늘어놓는 방관자가 될 수도, 용서하는 재판관이 될 수도없다. 그의 말대로 이해하는 것이 우리의 과제다.°

소설 『달러구트 꿈 백화점』에서, 사람들은 잠든 사이 꿈 백화점을 방문해 그날 꿀 꿈을 산다. 즐거움이나 위로를 위해, 때로는 다시 살아갈 힘을 찾기 위해. 이곳에선 무책임한 환상을 팔지 않는다. 꿈꾸는 손님의 삶을 이해하고 그들이 현실에 지친 마음을 쉬어가며 즐거움을 누리도록. 그리하여 꿈에서 깬 뒤의 삶이 조금이라도 나아지도록 돕는다. '쇼핑몰의 아버지' 그루엔이 처음 꿈꿨던 것처럼 공동체의 회복을 돕는 공간이. 소설 속 꿈백화점에선 이뤄지고 있었다.

소설 속 이야기가 현실에서 그대로 이뤄지길 바라는 헛된 망상을 가지거나, 철저한 자본주의 사회에서 맑고 순진한 소리를 반복하려는 건 아니다. 다만 내가 사는 이 도시에서 벌어지는 일들. 내가 목격한 것을 이해해보고자 이런 글을 썼다. 그리고 우리가 눈을 뜬 채 한낮의 꿈을 찾으러 가는 현실의 몰도 조금 더 서로에 대한 이해와 배려가 있는 곳이기를 바랐다. 쓰는 동안 상상하는 그림이 조금 더 선명해졌다. 역시 우리는 어떤 것을 제대로 이해한 뒤에야 더 나은 방향을 상상할 수 있다.

○ 게오르그 짐멜, 『짐멜의 모더니티 읽기』, 새물결, 2006, P.53

도시공간 시리즈
반짝이는 어떤 것
김지연 지음

초판 발행 2022년 8월 15일

펴낸이 최선주
편집 김지연
디자인 스튜디오선드리
인쇄, 제책 세걸음

선드리프레스 info.sundrypress@gmail.com
신고번호 제307-2018-55호

ISBN 979-11-971518-3-5(04810)
979-11-971518-2-8 (세트)